森田勇造著
Morita Yuzo

アジア稲作文化紀行

女たちの祈りと祭りの日々

雄山閣出版

はじめに

一九六四年以来、世界の諸民族の生活文化を踏査しているうちに、日本人の文化的民族的源流にひかれるようになった。そこでまず、一九七〇年から中央アジアから東のアルタイ系牧畜民の諸民族を踏査し、数冊の著書を出版した。そして、一九八〇年からは、稲作文化の源流を求めて、ヒマラヤ南麓の南アジア、中国南部、東南アジアの稲作農業地帯を中心に、稲作農耕民の踏査を始めた。

当初は、それまでの日本では定説化していた「稲作文化アッサム源流説」によって踏査し、一九八二年九月、雲南省の泰やサニ族を中心に『倭人の源流を求めて』を講談社から出版した。しかし、翌八三年に長江（揚子江）下流域の江南地方を踏査旅行しているとき、ふとアッサム源流説に疑問を感じた。それは、雲南や貴州省の稲作農耕民の大半が、江西省や湖南省などの江南地方から移住した人びとの末裔であるが、アッサムから雲南や貴州省には、いかなる民族や部族も移住した歴史的証拠がないことによるものだった。

さらに二年の踏査旅行を続けて多くの資料を集め、一九八五年から、稲作文化発祥の地は、中国南部の長江下流域の江南地方であるという「稲作文化江南源流説」を提唱するようになった。そして、その裏付け資料を求めて、一九九七年十月までに二十数回も、中国南部の踏査旅行を続けた。
その結果、稲作文化には二つの大きな特徴のあることに気づかされた。その一つは、女性である母親を中心とする社会組織で、男性である父親は、補助的な役目を果たす「母系社会」であったことである。そして、その二は、稲の栽培に必要な太陽・雨・風・大地などの自然現象を司る神を天に求め、その使者に六〇年以上生きながらえた生命力の強い親(先祖)の霊を利用したことによって、先祖の霊を守護神・神とする祖霊信仰をもつようになったことである。まさしく、母系的社会と祖霊信仰こそ、江南地方を大故郷とする稲作農耕民の特徴的文化であったのである。

私たち人類は、日常生活をより快適に、豊かに暮らすために、文化と文明を培い文明諸機具をつくってきた。ここで言う文化は、私たちが大自然に順応して生きるための知恵や方法であり、文明は大自然を都合のよいように変えていく手段や道具のことである。しかし、文明の発展によって文化が疎外され、日々の生活に安定や余裕を欠くようになっては、生きる目的を失うことになる。

私たち日本人の文化は、自然との共生理念による稲作文化を中心とするものであった。しかし、今日の多くの日本人は文明化に翻弄されて、社会人としての生き方、伝統、価値観などの文化を見失い、物とカネとをひたすら追い求めがちになっている。

これからの科学文明社会に生きる私たち日本人のあり方を考えるためには、自然と共生する稲作文化の成り立ちをもう一度確認しておくことが必要なのではあるまいか……。その思いにも駆られて踏査を続けた。

日本の稲作文化発祥の地が日本にいちばん近い中国大陸の江南地方であるためには、日本の稲に改良し得る「野生稲」がなければならないし、古代の稲作文化遺跡や稲作文化の伝播ルートが

江西省東郷の野生稲自生地

東郷の野生稲

あり、それを培い伝えてきた民族などがいなくてはならない。

そこで、一九八三年以来十数年もかけて野生稲を探索したり、古代越系民族の末裔とされる諸民族を踏査し、江南地方には多い三〜八〇〇〇年も前の稲作文化遺跡の発掘現場を訪れた。そして、日本列島へ伝播したルートではないかと思われる東シナ海の舟山群島をも踏査した。このような踏査旅行の記録が、先に出版された『江南紀行』（東京図書出版会、二〇〇〇年）である。

古代の江南地方に住んでいた非漢民族系の越または楚の末裔とされている雲貴高原の稲作農耕民である苗や・侗・布依族などは、伝説や歴史的資料によっても明らかなように、かつて江南地方から移住した人びとの末裔たちであり、日本に類似した風習や稲作文化をもっている。

先祖の霊を神として崇める苗族は、新穀をまず祖霊神に捧げて、日本の天皇が毎年秋に行なう行事と同じような「新嘗」の儀式をする。そして、六〇歳以上で亡くなった先祖の霊を天の神への使者にたて、子孫の安全と繁栄と幸福を祈願する。その祖霊は、子孫の守護霊となって天と山と里を去来する。その守護霊は呼べば答える招魂再生の理念を支え、人、神、自然が三位一体となる祖霊信仰を起こさせた。苗族の人びとはそれを培い、今も守り続けている。

「稲」と呼ばれる植物を栽培することによって、その実である米を食料とし、価値観や生活文化の原点とする稲作農耕民は、天災や病害虫、日照りによる水不足を恐れた。そのため、それらの自然現象を司ると思われた天の神に使者を送って、天災や病害虫から稲を守ってもらうために祈り、雨乞いをしたのである。

江南地方に住んでいた古代の稲作農耕民たちは、生命力の強い先祖の遺体をより高い所に葬って、その霊を天への使者とした。そして、彼らは、役目を果たした祖霊が山の頂上近くに住み、仙人となって生き続けると信じた。

こうした稲作文化の一つである祖霊信仰の起こりは、約三〇〇〇年前に、現在の福建省武夷山にある岩山の絶壁につくられた「崖墓」だとされている。懸崖と呼ばれる数十メートルの絶壁の上に崖墓をつくることは、古代においてはたいへん困難な作業であった。今でも広西壮族自治区の武鳴県や平果県などの石灰岩の絶壁の穴に安置された崖墓がたくさんあるが、その製作、維持は容易ではなく、費用は庶民には出せない高額である。しかし、そこは今も祖霊の宿る場所であるので、余裕があればだれもが死後に安置されることを望んでいる。

稲作農耕民たちは、天の神の助けによって稲を安全に栽培するために、祖霊を天に遣わし、神となす祖霊信仰を生み出し、稲の豊作と家内の安全と幸福を祈る儀式を昇華させ、祭りや年中行事として社会的に発達させた。まさしく、それは祖先の霊である人が神となり、自然と一体化する共生の理念を創り出す厳粛な儀式でもあった。

こうした稲作文化を今日まで伝え、発達させたのは腕力の強い男である父親ではなく、子を産み育てるやさしい女である母親たちであった。古代稲作文化の最大の特徴である母系社会と祖霊信仰を二〇世紀末まで営々と守り続けてきた母親中心的な社会がまだ存在する。

そこで、これから女性がますます強くなり、社会の重要な役目を果たすであろう二一世紀の日本人社会を洞察する一つの方法として、私がこれまでに訪れた稲作農耕民のうち、今も続いている母系社会や女たちが伝えてきた祖霊信仰とその起こりを、長年にわたって収集した多くの踏査資料に基づいて、紀行文風に『アジア稲作文化紀行——女たちの祈りと祭りの日々』として一冊にまとめることにした。

I

男が見た母系社会

収穫祭で籾に感謝する老女たち

一　カシ族の母系社会

1　女たちの村

インド・メガラヤ州の位置

インド東北部のアッサム地方にあるメガラヤ州を訪ねた。カルカッタ経由でアッサム州のゴーハチへ飛び、そこからバスでメガラヤ州都のシロンに向かった。

メガラヤ州は、北はブラマプトラ川沿いのアッサム平原に、西と南はベンガル地方の大平原に囲まれ、東のマニプール高原から西へ半島のように突き出した山岳丘陵地帯である。メガラヤ高地を大きく二つに分けると、東側を「カシヒル」、西側を「ガロヒル」と呼んでいる。

州都のシロンはカシヒルにあり、かつて大英帝国植民地時代にはアッサムの首府で、西欧風の町である。標高一五〇〇メートルにあるので夏でもしのぎやすい。

この町には、ニューデリーで親しくなった国会議員のリンド氏（四九歳）がいた。彼は、四七年八月にインドが英国から独立した後、アッサム州の一部であったメガラヤ地方を一つの州に格上げさせた、メガラヤ州生みの親である。中肉中背で口髭のある彼は、肌の浅黒い田舎風の気さくな男である。彼の誘いもあってシロンにやってきた。

町から離れた所にある彼の家を訪れた。アジアの民族を研究している私が、母系社会の村を訪問したい旨を伝え協力を乞うと、一瞬困惑気味の表情をしたが、すぐに笑顔で同意してくれた。

東部のカシ族は、中国の雲南や安南（ベトナム）地方から山の尾根伝いにやってきた古代越系民族で、西のガロ族は、北のヒマラヤ南麓からやってきた人びとの末裔だとされているが、両方とも母系社会である。

七八年一月二十一日、リンド氏のジープでカシヒルの西端の町スナパハルに午前一〇時前に着いた。そこからさらに四〇キロ西に進み、ラングムシン村にジープを放置し、私たち一行五人はジャングルの道を歩いた。先頭は、村から同行した中年の案内人で、彼は古い型の鉄砲を肩に掛け、右手に山刀を持っている。次がリンド氏。私の後に、リンド氏の友人でスナパハル中学校の教師が通訳として同行している。最後は、私の荷物を運ぶ青年。リンド氏が私のために即席に編成した探検隊が進む。

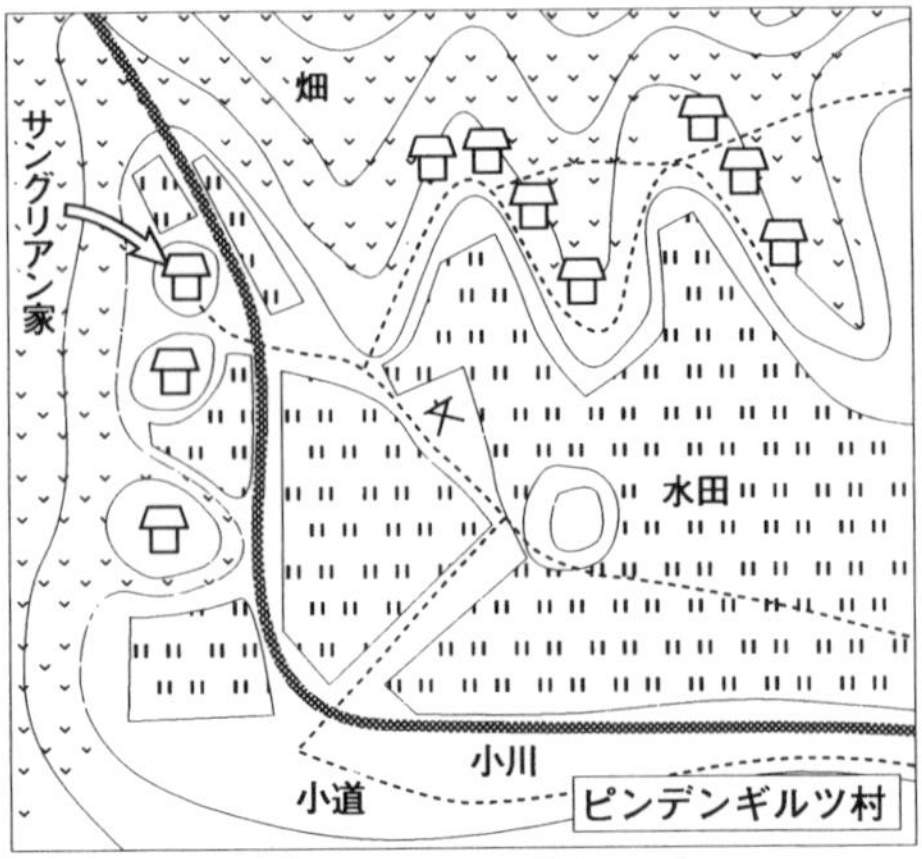

図2　ピンデンギルツ村のサングリアン家

この地方は野生の象が多く、小象を生け捕りにすることで知られている。それに、虎や野牛もいる。甲高い鳥の鳴き声が高木の茂るジャングルの静寂を乱す。ときに目の前を野生の鶏が羽音高く羽ばたいて跳び、私の肝を冷やす。甲高い野猿の叫び声も木の間を走るが、そのたびに背筋が凍った。

彼らは慣れているのだろうが、私はジャングルの大木が醸し出すふしぎな霊気に悩まされる。存在をも消してしまいそうな静寂がしばらく続くと、精霊たちに連れ去られるような気がしてかえって不安になる。このあたりにはよく出没するといわれる象や虎の出現も怖い。だから、前を行くリンド氏に故意に話しかけ、存在と安全を確認し続けながら歩く。

約六キロ、怖い思いをしながら進むと、前が急に明るくなり、周囲をジャングルに囲まれた水田のあるピンデンギルツ村に着いた。人家は約五〇軒、人口二百数十人の村で、藁葺きの小さな小学校がある。平地は稲の切株の残った水田で、ゆるい丘は畑になっており、家は丘陵の麓に点在している。まるで一枚の画のようにのどかな村だ。

稲株のある水田の畦道を進むと、つきあたりに私たちが訪ねるローイン・ウエル氏（四〇歳）の住む家があった。家は藁と竹でつくられた高床式で、バナナやタピオカの畑の中に大小六軒がよりそうように建てられている。一見して肉親縁者の家々だとわかる。

ピンデンギルツ村の風景

「ここは、カシヒルの中でも素朴な村の一つです」
リンド氏が言った。たしかに大きな村ではないし、文明の町からも遠く、車の通る道はない。私が訪れるにふさわしい所として選んでくれた村である。
リンド氏と中学教師の双方の知人である浅黒い肌をしたローイン氏は、突然の客に驚きはしたが、両手を差し出して笑顔で迎えてくれた。彼は、私が日本人だと知らされると、一瞬唇に力を込め、目を見開き、言葉を失って硬い表情で見つめた。日本人に会うのは初めてのようだった。や

ピンデンギルツ村の女性

がて、少々英語を話す彼は、クワイ（ビンローの実）をかんで赤褐色に染まった歯を見せて笑い、両手で強く握手してくれた。

私たちが立ち話をしていると、やがて、二〇代、三〇代と思える日本の女性と見まちがう三人の女が家から出てきた。そして、彼女たちは、私をまるで値踏みするかのようにじろじろ見る。私と視線が合っても目をそらすことなく、珍しい物を見るようにじっと見る。日本で育った私は、女性にこんな具合に見つめられた経験がなかったので、なんとなく気恥ずかしい思いがした。彼女たちは男のなにかを見定めているようでもある。

しばらくして、私たちは庭の左側の小さな家に案内された。奥のほうは割竹を敷いた高床で、靴を脱いで座る。彼はすぐに「クワイ」と呼ばれるビンローの実を私たちに勧めた。

メガラヤ地方では、貧富の差なく、どこの家を訪ねてもまずクワイを出される。硬いが、かみ続けていると強烈な渋みが喉に走る。一種のコカインのような刺激的な成分が含まれている。町では、クワイと石灰を練ったものを「テインポウ」と呼ばれる青い葉に包んでかむが、この村では実を直接口にする。しばらくかむと、唇が人を食ったように赤くなる。村人たちはよく赤い唾をペッと吐き出すが、汁を飲み込むと身体が少し暖かくなる。成人男女は習慣的にかむので、中年以上になると歯はお歯黒になっている。彼らは、お歯黒は虫歯にならないという。この実をかむ習慣は、台湾、フィリピン、雲南、ベトナム、タイ、ミャンマー、ナガランド、インドなどの広い地域にまたがっている。一種のかみタバコのようなものである。

どこか愛嬌のあるローイン氏は、クワイで赤黒く染まった歯を惜しげもなく見せ、忙しげにクワイや紅茶を私たちに勧める。彼の妻マエルさん（三〇歳）が入口の竈の前に座って火を燃やしている。彼女は、私たちが家に入るとき、にこやかに私を見つめて手を握り、現地語でなにか言ったが、座ってからは背を向けているだけで、なんの愛想もなく黙っている。ローイン氏は浅黒い肌をしているが、奥さんは日本人とあまり変わらない肌色である。

母系社会の女は、ねちっこい目つきで男を見るのが習慣なのかもしれないが、日本の女性とはかなり違った雰囲気を全身で表現している。それがどうしてなのかまだわからないが、たしかに女の存在感が重く、男が軽く感じられる。

午後一時半過ぎに遅い昼食をした。ローイン氏が屠った鶏と野菜を煮込んだものと米飯である。彼らは手づかみだが、私にはスプーンがついていた。ローイン氏は一人で動き回り、料理もサービスも、愛想までもふりまいてくれたが、奥さんは意味ありげに微笑んでは、「初めまして、よろしく……」とでも言いたげな表情で見つめるだけでなにもしてくれなかった。

2　おじさん後見人的社会

昼食後雑談していると、顔にしわの多い老婆がやってきて、私たち一人一人の手を握りながら「グーブレイ」と現地語で挨拶した。マエルさんの祖母ツイナさん（六八歳）で、彼女は私の手を握って笑いながら盛んに話しかけた。意味がわからないのだが、笑顔はなによりの挨拶とばかりに、おおいに笑った。

彼女は日本を知らなかった。陽焼けしてカシ族と見違う私を一人の男として対応し、特別な扱いはなかった。しかし、彼女の会話には親しみがあり、包み込むような表情があり、客に対応する態度が板についていた。ローイン氏は、彼女が出てくると端のほうに座ってなにも話さなかった。まるで借りてきた猫のようで、なんとなく居ずらい表情であった。

ツイナ・サングリアンさんは、この家の女家長で、サングリアン家では、彼女の同意なくしてはなにごとも始まらない。私は、この村で一泊二日の予定だが、リンド氏の要求を彼女が受け入れてくれたので、彼女の家に投宿することの同意が得られた。

「どうして女性が強いのですか」

彼女が出ていってからローイン氏にたずねると、笑いながら答えた。

「女性は男性より弱いからです」

彼はごくあたりまえに答え、意味ありげに笑う。

「弱いから権利を与えるのですか」
「そうです。その通りです。しかし、本当は強いのですよ。女性は男性より神秘的な力をもっていますし、なにより強い男を産むではありませんか」

彼は、男が女に権利を与え、男はその女のために生きるのだという。彼の言う「女性の神秘的な力」とは、女性の生殖能力のことで、新しい生命を生み出す女性の繁殖力と母性愛は、男にとっては絶大な力である。

「弱き者、汝の名は女なり」という体力的な差のある自然界で、「強き者、汝の名は母親なり」という社会状況をつくり、男と女が平等に生活するためには、女に社会的義務と権利があり、男に自由な行動があるほうがよいのかもしれない。

ローイン・ウエル氏

ローイン・ウエル氏の妻マエル・サングリアンさんは長女で、彼女の家は横三メートル、縦五メートルの1LDKの藁葺き小屋である。ところが、末娘のミルダさん(二〇歳)の家は2LDKで大きい。この地方では末娘が親の財産を継ぐのだという。

ローイン氏に末娘相続制の理由についてたずねたが「理由なんか知らない」と言った。彼は、それに疑問をもつ私をふしぎそうに見た。リンド氏にもたずねたが、彼の答えもはっきりせず、笑ってごまかされた。しかし、いろいろたずねているうちに少し納得できた。

この地方は早婚である。一般的に、母親と長女の年齢差が少なく、成人した長女には男が通ってくるために別居させる。まだ若い母親にも男が通うので、区別する必要がある。たとえば、娘一五歳、母親三〇歳の場合もある。

サングリアン家の財産は、水田三〇アール、畑二〇アール、バナナとカサバ畑五アール、馬一頭、豚六頭、牛一〇頭。今、ローイン氏以外の男たちは出稼ぎにいって留守だが、四家族一四人が生活を共にしている。

家は米倉も含めて母屋の周囲に建てられている。家にはそれぞれ竈があり、おもに女性が料理するが、男性がすることもある。

このへんの土地は、個人、村、または部族の所有になっている。使用していない村の所有地は村民なら誰でも無料で借りられる。しかし、二年間使用しないと自動的に使用権を失う。部族所有の土地は希望者が依頼し、部族長の許可を得て使う。個人所有の土地は「おじ」の判断により家母長が同意すればどのようにでもできる。

村には男の「長」がいる。男は皆入婿なのだが、村長や部族長は男だ。昔は世襲制であったが、今は村民が選ぶ。社交家で知識もあるローイン氏は次期村長の噂が高いという。

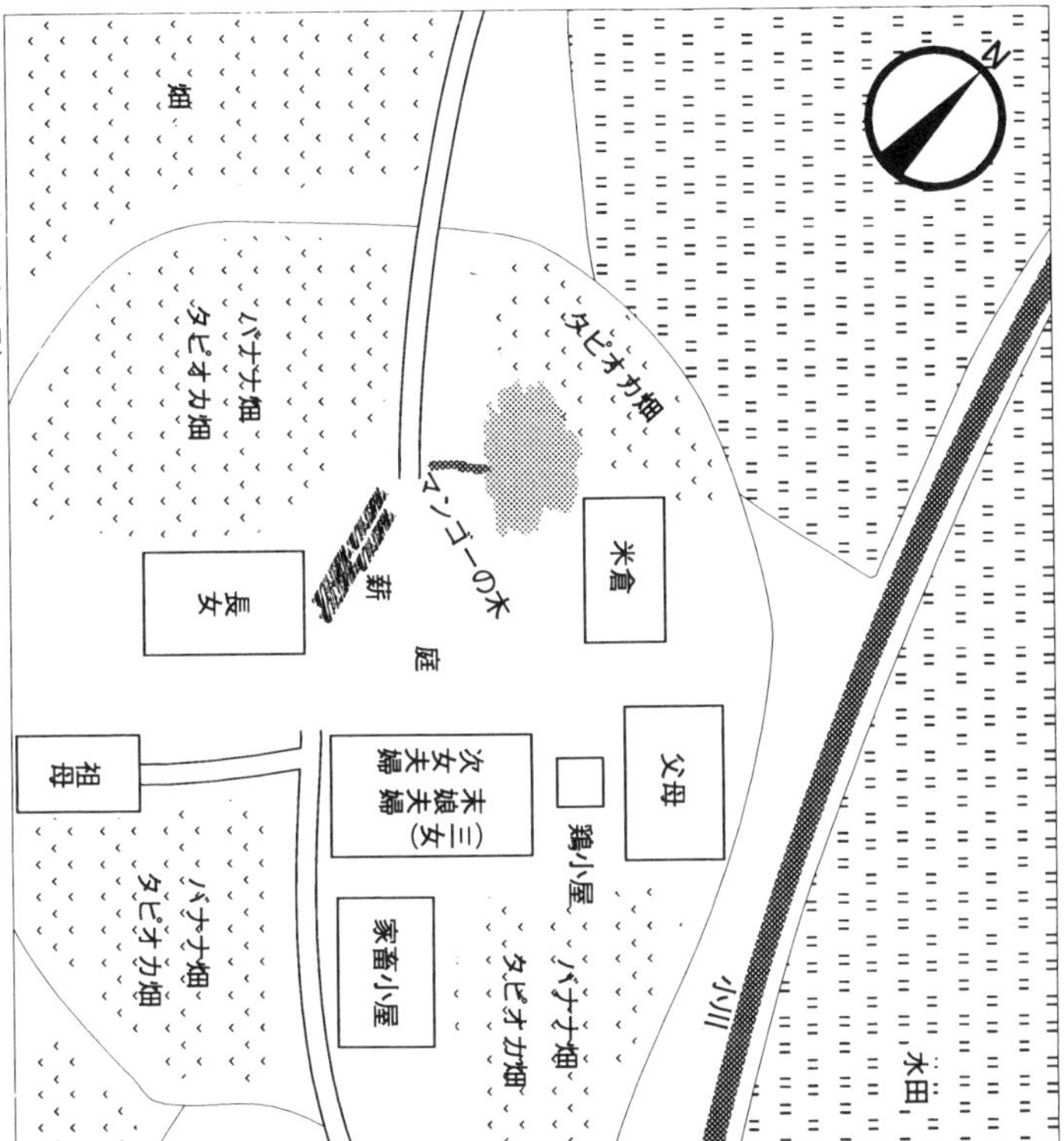

サングリアン家（1978年1月）

しかし、実生活は女性が仕切り、積極的でよく働く。サングリアン家でも、籾を杵でついたり、家畜の世話をしたり料理をするのは女たちである。ローイン氏は「ムラ」と呼ばれる竹製の小さな円椅子に座って、よくポケッとしている。さもなければ、女たちのすることを眺めたり、料理を運んだりの雑用をしていた。

「なにをするのがいちばん楽しいですか」

暇なときにローイン氏にたずねた。

「ハンティング」

彼は鉄砲を撃つまねをして言った。彼は旧式の鉄砲を持っていた。このへんには、象、豹、野豚、鹿などがいる。ときに象が村にやってきて農作物に被害がでることもある。そんなとき、男たちが集まって象を追っ払う。

「土地がたくさんあるからもっと開墾すればよいではないか」

「開墾してどうするのだ」

ローイン氏は両手を絡ませながら反問した。

「稲やトウモロコシ、バナナやタピオカが植えられるよ」

「どうして植える必要があるのか」

「たくさん収穫できるではないか」

「たくさん収穫してどうするのだ」

彼は驚いたような、からかうような表情で私を見つめながら言った。
私は答えに困った。村人たちは自給自足だ。農産物を売るには約五〇キロ歩いて町まで行かねばならない。サングリアン家の年間食糧消費量はわかっており、すでに必要量が米倉の中に入っている。

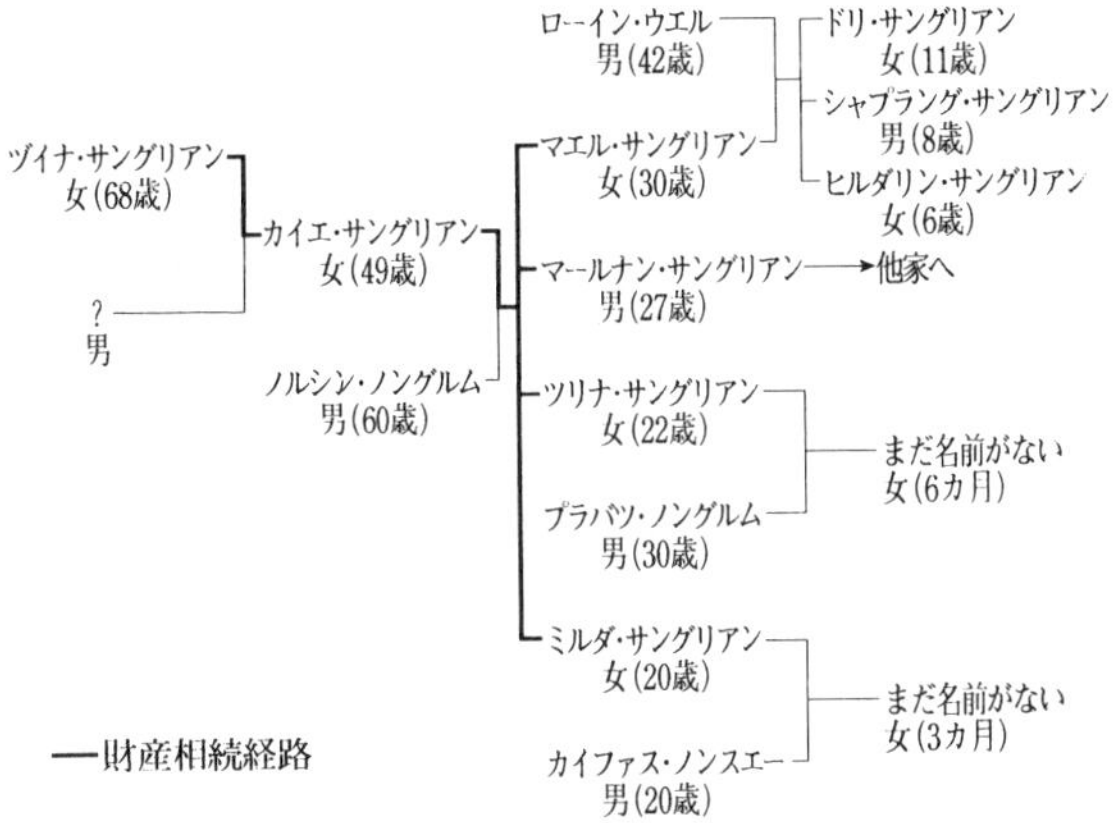

サングリアン家の家族構成

農作物の種類や作付面積は、母親の兄弟か息子が判断するが、決定は家母長がする。カシ族の社会では、親族集団の成員権や財産所有権は母親にあり、その継承者は末娘であるので、男たちは他家の女性と結婚して生家を出る。末娘以外の女は結婚してしばらくすると生家を出るが、親が近くに家を建て与えるので遠くへは行かない。

婚姻は、男が女側に同居することだが、男には婚家の成員権や財産の監督権はなく、生家の姉妹の家族集団の成員権と財産の監督権がある。この監督権は、兄弟から姉妹の息子へと継承される。だから、男は結婚後も生家のほうが居心地よく、絶えず訪れるので、子どもたちは父親よりも母方の「おじ」に親近感を持つ。

一般的に、男は夫や父親という家族関係における重要性が弱く、いつまでも母系集団に深くかかわりをもち、「おじさん」の社会的監督権が強いので、妻との関係が非常に不安定な状態である。

同族結婚が禁止されているカシ族の母系社会では、親族集団構成員は、母系子孫の四親等までとなっているので、婚姻を結ぶのはこの親族集団以外の者である。一般的に、一親等は親子、二親等は兄弟姉妹、祖父母、孫、三親等は伯父叔母、甥姪、曾祖父母、曾孫、四親等は従兄弟姉妹、祖伯父叔母、姪孫、高祖父母、玄孫である。しかし、これはあくまでも母系親等であって、男性側ははっきりしていない。

男女関係は女の同意があれば成立するが、結婚の決定権は母親にあり、仲介役は生家のおじさんである。

これからすると、女性は若くても男女関係をもてるが、男性は女に尽くせるだけの知識・体力・精神力が身につかない限り困難である。母系社会では、男が女を得るために知徳体の修養が必要なので、男はより強くなければならない。

カシ族の母系社会を単純に表現すると、男たちが女に権利と義務を与え、自分たちのつくったルールに従って社会生活を営んでいるともいえる。これは、社会的に強い女性と、腕力的に強い男性の和合した、女性尊重の象徴的母系社会であり、母親を中心とするおじさんの後見人的社会でもある。

3　すべては男の奉仕から

カシ族の母系社会では、男女の関係を「結婚」とか「離婚」と表記すると理解しがたい。しかし、日本語では結婚や離婚という言葉を使わざるを得ない。まさしく自由恋愛であり、男女関係は男が女にサービスする男の奉仕から始まる。だから、カシ族の母系社会は男を心身ともにより強くすることによって成り立っている社会組織だともいえる。

カシ族の伝説に、次のような物語がある。

「昔々、強くて勇ましい男がシロンの丘にやってきました。その丘のある穴の中に、それは美しい娘が一人いました。側を通りかかった男は、彼女をひと目見て好きになってしまいました。しかし、彼女は彼がいくら誘っても穴の外に出てきませんでした。そこで男は、穴の入口を花でいっぱいに飾りました。

娘は、それがあまりにも美しいので、つい穴の外に出て花々に見入っていました。岩陰に潜んでいた男は、背後から彼女に飛びついて、両手でしっかり抱きしめました。そして急いで我が家に連れて帰り、妻としました。二人の間に子どもができ、その子孫が各地に分散してカシ族となりました」

カシ族の始祖伝説だが、今ではサービスの仕方が、花を飾るのではなく農作業に必要な男手を貸すことである。いずれにしても、男と女の関係は、すべて男の奉仕から始まるのである。

娘は結婚を決意すると、母親の兄弟であるおじさんに相談する。おじさんは、男が気に入ると、男のほうのおじさんと相談する。そしてお互いに納得すると、共に娘の母親を訪ね、二人の同居結婚を許してくれるよう相談する。おじさんではなく、仲人を立てる場合もあるが、やり方は同じである。

娘の母親はまず「ノー」とは言わないが、話を聞いてから承諾する。男のおじは娘の母親を訪ねるとき、果物や野菜、穀物、肉などの食糧を持参する。そして、承諾され、結婚の日が決められると、今度は女性側から同量の食料が男側に返される。

結婚式の当日は、男が女の家を手荷物なしで身軽に訪問する。そして、女の家で家族や村人と一緒に飲み食いする。男はこの日から夫として住みつく。しかし、母親中心の家族構成の末席に入るようなもので、身勝手は許されない。

男は子どもができないうちはあまり信用されないが、できても信用が倍加するわけでもない。子どもができると家族全員で祝うが、なかなか名前をつけない。末娘ミルダの子はすでに生後三ヵ月も経っていた。

「子どもが名を呼ばれてわかるようになってから名前をつける。だいたい半年から一年後だ」

ローイン氏が答えた。早くても数ヵ月後だという。名前は母方の祖母かおじさんがつけてくれるが、姓は母親と同じである。

女が子どもを産むとき、夫が側にいてもよいそうで、「産屋」のようなものはない。子どものお尻には蒙古斑があるが、陽焼けすると見えなくなる。乳幼児の肌色は日本の子どもとあまり変わらないが、外に出歩くようになると高地で紫外線が強いせいか、肌が陽焼けして赤銅色になる。

この村には男の里帰りの習慣がある。母方のほうを「コンカ」、父方のほうを「メイカ」と呼ぶが、最初の子どもができて二〜三年後に、夫は妻子を連れていき、メイカの皆に紹介する。男にとって、妻子同伴の里帰りは、妻の家族から信用を得た証明でもある。

サングリアン家の末子ミルダさん

女と男が離別、離婚するのも容易で、数も多い。

もうずいぶん前のことだが、東大の中根千枝名誉教授がまだ若い頃、メガラヤ南麓のガロヒル側の村を調査したとき、Kongton村では次のような調査結果が出ている。

「六一組の夫婦のうち三三人（女一五、男一八）の離婚経験者がいた。そのうち、二回以上結婚した者が一九人（女七、男一二）もいた。六一組の中で、夫や妻が離婚したことのない者はわずか三一人しかいなかった」

これらの離婚の大半が、結婚後間もなくの子どもが生まれる前であったり、長年一緒に生活しても子どもが生まれなかったケースだという。離婚のモーションを起こすのはほとんど女だ。おもしろいことに、妻が死ぬと夫は子どもを残して生家に帰る。そして再婚する。女もしかりであるが子持ちだ。母系社会では夫婦の縁は弱く、母親と子の絆が強いのである。

離婚について女のマエルやミルダさんたちには質問せず、ローイン氏とリンド氏にしか質問しなかった。帰国後、この点に気づいてえらく反省したのだが、リンド氏の答えは簡単だ。

「女と男が話し合って、中年以上のよい人を仲介に立て、別れる旨を伝えてお金を少々渡す。するとと、仲介人はその日のうちに近隣の村を歩き回り、二人が離婚した旨を伝える」

「どういう具合に伝えるのか」

「二人とも自由になった。年齢はまだ若く、元気だ。希望者は自由に会ってよろしい」

彼は大声で実演してみせてくれた。それを聞いていたマエルもミルダも笑っていた。

女は離婚してもどこへ行くこともないが、男は自分の生家に逃げるようにして帰る。そして、次の相手が見つかるまで同居するか、出稼ぎの旅に出る。

4　男たちの放浪

カシ族の結婚とは、男が女の家に住みつくことだ。娘がいない家族は、姉妹や親戚の娘を養女にするが、男を養子にすることはない。男は全員他家の女と婚姻を結んで生家を出なければならない。

ローイン氏は、一二年前、一八歳のマエルさんが好きになり、サングリアン家の仕事を手伝いに来た。その後、彼女の同意が得られて男女関係を結び、母親の許しを得て結婚し、今では三人の子がいる。

ところが、妻の妹ツリナ（二二歳）も末娘ミルダ（二〇歳）も結婚した。同年輩の男が二人増えたが仕事はあまりない。若い夫たちは妻の家に居づらいので、出稼ぎにいったり、生家に戻ったりで留守がちだ。だいたいカシの男たちは、結婚した後、出稼ぎを兼ねて二〜三ヵ月またはそれ以上の長い旅に出ることが多い。

サングリアン家の家族は合計一四人だが、つねにいる男性は末娘の夫だけである。しかし、今は彼も留守である。父親のノルシンさん（六〇歳）や次女の夫プラバツさん（三〇歳）は遠くへ出稼ぎにいって留守で、祖父はすでに亡くなっている。ローイン氏はスナパハルの町で働いている。リンド氏が彼と知り合いになったのは、町で政治活動をしているからで、今回はたまたま村に戻っていた。とにかく、カシ族の夫は、稼ぎを持ち帰らないことには、肩身が狭くて妻の家には戻ってこれない。稼ぎが悪いと、どうしても出稼ぎの旅が長くなる。

未婚の男や離婚した男は、未婚の娘や離婚した女の家を訪れ、労働力を無料で提供する。より長く労働奉仕させる女が実力者であり、魅惑的なのだ。そして、女がこれぞと思う男がいると身を許す。しかし、結婚するとは限らない。今では一般的に一夫一婦であるが、以前は一妻多夫で、よい女は男にとってはたいへんな競争率であった。

女は自分の気に入った男がいると、誘惑して労働奉仕をさせる。夜も昼もよしとなると同じ屋根の下に同居することを許す。しかし、嫌いになれば追い出してしまう。男は死ぬまで女に尽くし、気に入ってもらわないことには落ちついて暮らす場がない。

カシ族の母系社会では、男にとっては「三界に家なし」の悲しい宿命を背負わされており、死後も母親のもとに帰るまでは安住できない。

ローイン氏もそうだが、男は他の家を訪れて話し込むとなかなか腰を上げないし、生家に戻ると何日間も滞在する。男がよく婚家を出るのは、旅をするだけではなく姉妹のために野良仕事をするからでもある。

女は、兄弟がいないと男手が少なくて一生辛い思いをする。夫がいても離婚すれば他人である。女にとって夫は、労働者であり、夜の相手であるだけなので、一家の内部事情に通じていない部外者なのだ。いずれにしても、男の労働奉仕や出稼ぎの放浪は、女のエゴイスティックな保身がさせる業でもある。

土地が開墾され、田畑が多くなると、女たちは自分の所有地なのでせっせと農作業に従事し、収穫を上げる努力をするが、男には自分の管理する田畑はあっても所有地はないので、労働に自主性が乏しい。だから、女のほうが積極的に働くので、男よりも労働力が大きい。

家を守る女よりは、自由に行動し、いろいろな体験をする男のほうが、はるかに行動範囲が広く、知識が豊かで洞察力もある。男はおのれを鍛えるために放浪の旅をし、空しさに耐えながら、村の女たちを守るためにいろいろなものと戦いつつ生活する。

5　母親への回帰

人が死んでも、すぐに火葬されることはあまりない。早くて数日、遅いと何ヵ月も何年も、ジャングルの中の樹上につくった棚の上に座るような型で安置されたままの風葬である。

遺体の火葬日は、家族の話し合いで決める。その決定条件は次のようである。

○食物が十分であるかどうか。
○大事な人たちがいるかどうか。
○水は十分あるか。

大事な人というのは、母方の存命中の兄弟姉妹やおじさん、おばさんのことである。彼らが火葬に列席できる条件を満たす必要がある。火葬日には人がたくさん集まるので、十分な食物や水があるかどうかも大きな条件だ。結局、貧しくて十分な食物がない場合がもっとも遅れる原因になる。しかし、自然条件によっても左右されることが多いので、条件の満たされる季節を待つことがある。

カシ族の第二の墓地「モバ」

火葬された骨は、まず「マウスヤ」と呼ばれる第一の墓地に安置される。そして、五〜一〇年後にもう一度火葬され「モバ」と呼ばれる第二の墓地に移される。女はモバで先祖たちとともに安らかに永眠できるが、男はまだ永眠できず、魂は母を求めてさまよっている。だから、モバに安置された骨を、男の姉妹や母方の姪がもらい受けにきて、生家に持って帰る。そして、母方の親族が集まって再び火葬にふす。

三度も焼かれた男の骨は、母方の直系の先祖たちのいる大地に安置されることによって、初めて安らかに永眠する。その場所を「ペッバ」（母の家）と呼ぶ。

野生動物のほとんどが母親を中心とする社会生活を営んでいる。人間も決して例外ではなく、本来は母親中心的な母系社会である。カシ族の母系社会では、男と女の愛ははかなく不確実なもので、母と子の絆こそが永遠だと信じられている。

わたしはわずか一泊ではあったが、二四時間の観察と聞き書きによって、カシ族の母系社会を踏査した。父系社会とは違った価値観や風習を知って驚き、村の女性たちの眼差しが気になった。二日目の昼過ぎ、ローイン氏にお礼を言って村を去ったが、女たちはだれも見送ってくれなかった。

二　婿入り婚のクメール社会

1　女たちの収穫祭

東南アジアのタイとベトナムの間にカンボジアがある。国土の面積は約一八万一〇〇〇平方キロメートルで日本の半分の広さだが、大部分は低く平らな土地である。人口は一〇八六万人で、九五パーセントが仏教徒であるが、そのほとんどが古来からの精霊信仰を持っている。国民の九〇パーセントがクメール人で、公用語はクメール語である。彼らは、自分たちをクメール人と呼んでいる。しかし、カンボジアは一八六三年頃からフランスの植民地となり、第二次世界大戦後の一九五三年にやっと独立した。その間、九〇年間もフランス文化の影響を受けた。その後も内戦が続き、社会的には今も不安定な状態である。

カンボジアは熱帯性気候で、雨の多いモンスーンの吹く季節（五月～十一月）と、雨のほとんど降らない乾期（十二月～四月）に分かれているが、季節によって温度の変化はほとんどなく、一年中暑い。

クメール人の九〇パーセントがまだ農村部に住んでいる。彼らの農業は今も伝統的な形態をとっており、雨に頼った稲作農耕である。農民の生活は、長い間にわたる戦争で大きな破壊を受けたせいもあるが、貧困の泥沼にいる。しかし、豊かな自然の恵みによって食料が尽きることはなく、一年分の収穫で家族が二年間食べられることもあって、農民たちは明るい。

クメール人の社会は昔から婿入り婚の風習があり、今も残っている。しかし、長い間フランス文化の影響を受けたので、首都のプノンペンや大きな町ではフランス的に嫁入り婚が多くなっている。プノンペンは今では婿入り婚と嫁入り婚が半々で、どちらでもよいことになっている。

農村地帯も町の影響を受けたが、まだ大半が婿入り婚である。だから、現在のクメール人社会は、もともと母系社会文化を基本にしたフランス的な父系社会でもあるが、どちらともはっきりしていない曖昧な男女平等の中性化社会でもある。私はその社会をもう一度見たくて、カンボジアを訪れることにした。

一九九九年一月三十日、首都プノンペンを訪れた。そして、知人であるロイヤルプノンペン大学のパンタ講師（四二歳）にお願いして、彼女の知っている村へ案内してもらうことにした。彼女はクメール人の生活文化を調査し、記録している英語の先生で、一度日本に招いて野外伝承遊びについて講演してもらった。そのせいで、彼女の誘いもあっての再訪である。

翌一月三十一日の午前八時、私たちは、大学のランドクルーザーでプノンペンを発った。道は南へ向かい、約二〇キロ走ったところで右折し、西へ向かった。椰子とバナナと田圃のある農村地帯の未舗装のでこぼこ道を、砂ぼこりを巻き上げながら約六キロ走った。九時頃に川沿いの

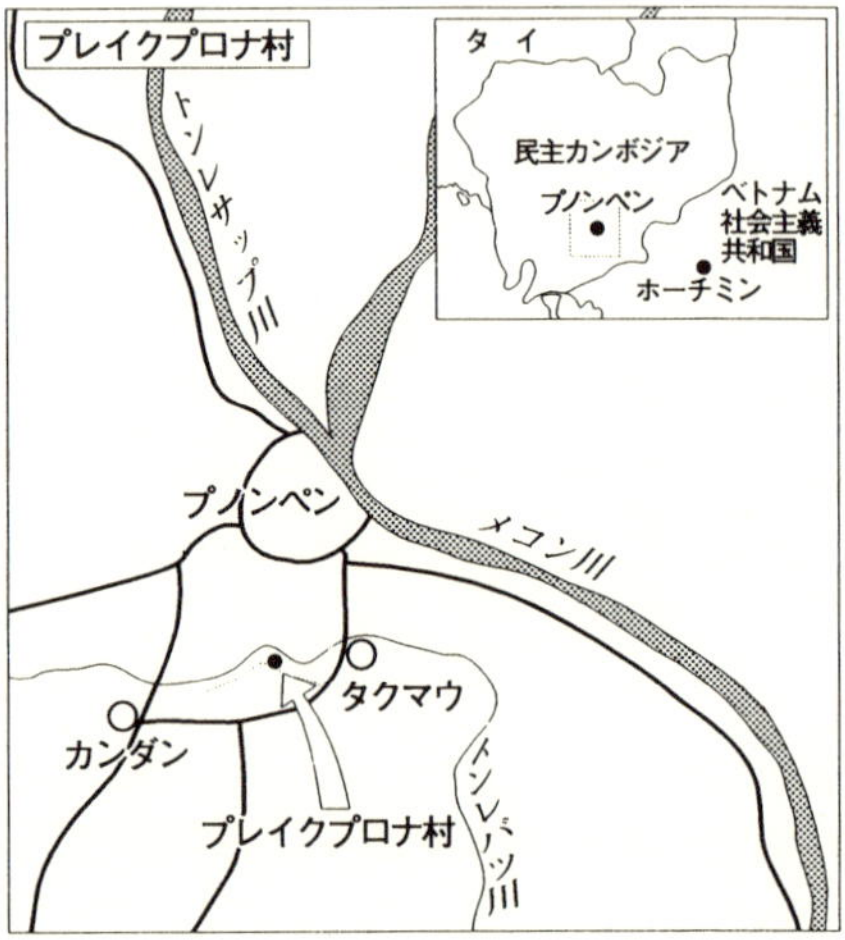

村、プレイクプロナに着いた。

カンダール県カンダールストン郡プレイクプロナ村は、一八家族一五〇人が住んでおり、バナナ畑や林の中に人家が点在し、稲株の残る干上がった田圃が広がっている。このあたりに多いごく普通の農村で、首都プノンペンからわずか二六キロの郊外であるが、まだ電気も電話もない。

車を下りて案内されたのがポーン・ヤーツさん（五三歳）の家である。彼女はポルポト時代の内戦で夫を失い、今は二六歳の末息子と二人暮らしだそうだ。パンタさんの知人だそうで、彼女の家に一泊させてもらうことに話がついた。

彼女の家は木と椰子と竹でつくられた高床式の木造建築で、一階は仕事場、住居は二階である。家の前には庭があり、垣根の外は車の通る道。庭には祭り用に褐色の大きなテントが張ってある。

プレイクプロナ村は一月三十一日が「ダーリエン」と呼ばれる収穫祭であった。そのことを知っていたパンタさんが、あえてここに案内してくれたのである。

祭りの主催者は村の各家の持回りであるが、今年はポーンさんの家が祭りを主催する当番になっていた。そのせいで、私たちが着いたときには、手伝いの女性たちが集まって祭りの準備をしたり、食物を料理したりしていた。男はあまり見かけず、女ばかりが目についた。祭りを司るのは女性のようである。

収穫祭のごちそう

庭の一角で一人の男と二人の女性が祭り用の船をバナナの樹の幹でつくっていた。この村では、バナナの葉は食器や敷物、幹は柱や線香立てや台など、いろいろな道具に使われ、バナナの樹は日常生活になくてはならないものである。バナナの幹を七〇センチくらいに切ったものを二本結びつけ、その上にバナナの樹皮で屋根をかけ、船に見立てたものをつくった。そして、小さな紙の旗差しを数本差し立てた。これは「ソンカック」と呼ばれる。

庭の一角にある精霊の宿る小さな祠に線香が立てられ、果物が供げられていた。彼女らは精霊のことを「プローレン」と呼ぶが、神のことは「テボダ」である。テボダは全精霊を司る神なのである。村人たちが祭るものは三つある。まず「テボダ」と呼ばれる神、「コンビル」と呼ばれる小人（クロボックス）の霊、「チョーム」と呼ばれる土地の神である。テボダの宿る祠を「リエンテボダ」、コンビルの宿るところを「マリエンコンビル」と呼び、土地神の宿るところを「リエンチョーム」と呼ぶが、これら三神とも同じところに祭っている。村人たちは全員仏教徒であるが、こうした精霊をも信じており、神仏合体の宗教心をもっている。仏教は政治的、社会的な儀式として、精霊の神々は自然とともに生きる日常生活または農業を営む知恵として、村人の中に今も生き続けている。

籾の山「プノムスラウ」を前にする村の老女たち

庭のテントの近くに、ポーン・ヤーツさんが「プノムスラウ」と呼ばれる高さ三〜四〇センチの「籾の山」をつくった。それに村の老婆たちがつくった細い竹串に結んだ小さな紙の旗が二〇本ほどと、蓮の白い蕾が二個差し立てられた。

一〇時前、村の外から五人の男が楽器を持ってやってきた。そして、庭のテントの横で鐘、銅鑼、鼓、二弦楽器などでにぎやかに演奏を始め、なんとなく祭りらしい雰囲気になった。

やがて、三〜四〇代の女性や老婆たちが集まってきた。村以外からもやってくるので、三〜四〇人の女性が集まってテントの下に座った。その前の台座に、一〇時半頃、川向こうの村にある寺から柿色の僧衣を身につけた、一〇代から三〇代くらいまでの五人の僧がやってきて座り、読経を始めた。

ふしぎなことに男が少ない。テントの中に座っているのは女性と子どもだけ。世話をする村の男が二人、楽器を奏でる男が五人、僧が五人だけである。

僧たちは、台座の上に張られた仏教画に向かって大きな声で読経し、村の女性たちは頭を垂れて聞いている。乾期だが、日差しが強く、摂氏三〇度を越している。静かな暑い村の中を、五人の僧たちの読経がやけに力強く流れる。暑さをこらえ、額の汗をぬぐいながら三〇分もすると読経は終わった。

一一時頃から「プノムスラウ」という籾の山に線香が立てられ、老婆たちが祈った。たくさんの籾を得たことへの天や地の神に対する感謝の気持ちを伝え、また、来年もたくさんの籾を収穫することができますようにと祈願したのだという。これは仏教行事ではなく、僧たちはテントの中の台座に黙って座っている。

その後、二時間ほど前につくられた「ソンカック」と呼ばれる船にバナナの青い葉を敷いて、たくさんの米飯を載せ、ポーン・ヤーツさんや村の女たちが両側から持ち上げ、家から二〇〇メートルくらい離れた田と田の間の畦道の樹の下に運んで置いた。そして、蓮の蕾を差し、線香を立ててお祈りをした。

ソンカックは、村のどこに置いてもよいが、たいてい川沿いか大木の下に置いて、土地の神に感謝をするのだという。

なぜ船に仕立てて運ぶのかとたずねると、ポーン・ヤーツさんが笑いながら答えてくれた。

「バナナの樹でつくった船に、供物とともに、私たちの一年間の悪事や悪業、それに悪霊、病魔も一緒に乗せて流すためです」

それなら川に流せばよいではないかとたずねると、船に載せて村から持ち出すので、どこに置いても同じだという。このソンカックは朽ちるまで放置される。これは、罪や汚れを祓う一種の禊行事である。

女たちは全員が船に向かって手を合わせて祈り、一〇分もしないうちに引き返した。その後す

バナナの樹でつくったソンカックを木の下に置く

ぐに犬がやってきて供物を食い、犬が去るとカラスや小鳥たちがついばんでいた。
戻ると楽器が演奏され、村の女たちが台座の上の僧たちに金銭や果物、菓子、布などを寄進していた。私は、パンタさんの教えに従って、金銭とビスケットを小さな竹篭に入れて、いちばん右側に座っている年長の僧に、両足を左側に投げ出すようにしてにじり寄り、寄進させてもらった。頭髪を剃った年齢不詳の僧は、胡座をかいて座り、にこりともしない。私が外国人だと知っている小坊主二人は、身体を寄せ合って恥ずかしそうに笑いながら見ていたので、私も笑い返した。

やがて、僧たちが食物を食べ始めると、今朝から準備されたご馳走が村の女たちにふるまわれ、手づかみで食べる大昼食会が始まった。この間は音楽がなく、わいわいがやがやと楽しげに話し合いながらの神人共食の「直会」である。しかし、穀物からつくる酒や焼酎はなかった。その代わり、椰子の汁液《ジュース》と椰子酒があった。

村には、二種類の背の高い椰子の樹がある。一つはよく知られているココナツ椰子であり、もう一つはカンボジアに多い「トナオ」と呼ばれる特産の砂糖椰子である。このトナオの樹液（トゥクトナオ）が、たいへん甘く、天然の砂糖水「トゥクトナオ」なのである。トナオから甘い樹液がとれるのは一月から三月頃までの乾期で、今が旬なのである。

砂糖椰子は雌雄異株で、雌の花房を「チモール」と呼び、雄の花房を「ギー」と呼ぶが、いずれの房からも樹液をとることができる。しかし、この砂糖椰子にはたいへんふしぎな習性があり、房の先を切れば樹液が滴るわけではない。なんと、房の付け根を一週間もの間、毎朝木製の道具でもんでやらないと樹液の出が悪い。雌花は付け根をもみ、大きなバナナの実のように長い雄花のギーはそのペニスのような部分をもむのである。

高さ二〇メートルもある砂糖椰子のてっぺんにある雌雄どちらの房も、木製の道具で毎朝グイグイともんでやり、約一週間後に房の先を切るとたくさんの樹液が出る。まるで若いお母さんのおっぱいのようである。ひと晩に一本の房の先から〇・五リットルも出る。もんでやらないとその五分の一も出ないそうである。一本の樹で三〜四個の房の先を切り、竹筒の中に入れておくと、樹液がポタリポタリと滴り落ちて溜まる。一個の房から〇・五リットルも出ると、ひと晩で一本の樹から一・五〜二リットルも甘い樹液を採取することができる。樹液を得るのは直射日光のない夜で、夕方に竹筒を設置し、翌早朝に取り去って中の汁（天然水）を集める。

村人たちは、その甘い樹液である新鮮なジュースを午前中に直接飲む。午後になると少々発酵してアルコール分が出てくる。しかし、「トゥクトナオチュー」と呼ばれる椰子酒をつくる場合は、樹液を瓶に入れ、倍以上の「コーコ」と呼ばれる発酵を促す木片や「カーボイ」と呼ばれる解熱作用のある木片を入れる。そして、四〜五時間放置すると、アルコール分四〜五パーセントの砂糖椰子酒ができあがる。二日も放置すると味が悪くなるので、村人たちは朝採った樹液をすぐに発酵させ、その日のうちに飲んでしまう。

また、この甘い樹液を採集後すぐに鍋に入れて炊き上げると砂糖がとれる。そのために「砂糖椰子」と呼ばれるのである。この砂糖はカンボジアの特産になっている。

村の女性たちは、新鮮な樹液を飲み、料理を食べ、そしてにぎやかに話す。女性たちは、収穫後のひととき、神に感謝し、生きている今を祝う。

「ダーリエン」と呼ばれる収穫祭は、神仏合体方式でなされた。この祭りは、稲を刈り取り、脱穀して籾にした後の一月に行なわれる。この村では、五月末から六月初めに田植えをし、十月末から十一月に稲を刈り取る。

村人たちはダーリエンが終わると、四月十三日のクメールの正月までは農閑期である。それにしても女性はよく働く。

一月三十一日の夜は一年に一回の部分月食で、村人たちは「チャンクリアー」と呼ばれる、月に感謝する月食祭りをする。この祭りの祭壇をつくるのも女性である。夕方、庭に台を置いて、その上に口の広い容器に水をいっぱい入れて置く。そして、バナナの幹を輪切りにして線香立てとする。バナナの実を供え、線香を立て、午後八時頃、容器の水面に映った月に祈る。この月の映った水を「テクムン」と呼ぶ。大きな月の光をいっぱい受け入れたこの水で身体を洗うと清められるという。テクムンはすべての汚れを洗い流す聖水となるのである。

八時頃の月は満月に近かったが、右横のほうが少し欠けていた。このわずかな部分月食は一年に一回だそうである。月の横が少し欠けた状態は、月が物を食べ、そして再び外に出すことを意味して幸運を表わしているという。月が物を食べて中にいっぱい止めた様子の満月や下にくだす下弦の月は不吉を表わすという。

カンボジアのクメール人たちは満月をあまりよい徴候とは思っていないようだ。しかし、部分月食が終わる十一時頃には満月のようになり、村人たちは果物の樹を棒で叩きながら「プラエ」(「果樹の実」)と叫んで回っていた。これは、月光の力で、今年も果実をたくさんつけるようにと催促しているのである。

「プラエ、プラエ……」

月夜の深夜、村の女たちが、果樹の木々を叩きながら叫んで回るのは、古代から変わりない繁殖の役目を促す行為のようである。

2 結婚は見合い遊びから

クメール人の社会では、若い未婚男女の交際は、両親の厳しい監視があって容易なことではない。それに、知り合う機会も少ない。若い男女が会うもっとも容易な機会は、正月に男女が一緒に行なう野外伝承遊びである。正月の三日間は、両親の許しの下にいくつもの村の若い男女が集い、夕方から夜にかけて見合いを兼ねた伝統的な遊びをする。たくさんの未婚の男女が集い、いろいろな伝統的な遊びに参加する。これらの遊びは、すべて男と女に分かれて男女対抗の試合になっている。そして、気に入った相手に球を投げたり、名前を呼んだり、踊りを申し込んだりする。お互いに反応を確かめ合いながらのお見合い遊びなのである。

　村の中だけでは、収穫祭の日の夕方など、両親の監視下ではあるが男女の見合いを兼ねた野外伝承遊びが許される。このとき、近村の男女が参加することもある。この日は月夜なので、月光の下でも遊びをする。

　一二〜三歳以下の子どもは、乾期の夕方か月夜にも遊ぶ。

　プレイクプロナ村の収穫祭《ダーリエン》の儀式は午前中に終了し、午後三時頃から五時過ぎまで、近隣の若い男女が集まって、村の空き地で歌い踊り、男女に分かれて遊びをした。これは正月に行なわれる集団見合いを兼ねた野外伝承遊びと同じ遊びで、彼らは、幼少年時代からときどきやっているのでよく知っている。

　女性は四〇代くらいまでの人々が参加したが、三〇代以上の男たちは楽器を演奏したり冷やかしたりするだけで参加せず、若者たちが遊ぶ近くの木陰に集まって、椰子酒を飲んで歌ったり、大声で話したり、最後には酔いつぶれて横になったり、よたよた歩いたりしていた。

　クメール人の若い男女が正月や収穫祭のときにやる代表的な見合い遊びには、次のようなものがある。

●チャオルチューン（玉投げ遊び）

　これは全カンボジアで若い男女が正月の明るい夜に行なう伝統的な遊びであるが、収穫祭のときなどには老若男女が楽しんでやることもある。

若い男女が陽気に騒ぐ玉投げ遊び

男女二つのグループに分かれ、それぞれのチームが一〇～二〇名ずつ八～一〇メートルの距離をおいて向かい合わせに横一列に並ぶ。そして歌ったり踊ったりしながらクロマと呼ばれるカンボジア人なら誰でも持っている肩かけ布に綿や布を丸めて包んだボールを投げ合う。ボールは投げるときに持つ尻尾のような布先を一本出している。

準備　まず、綿や布を丸めて子どもの頭大のボール状にしたものをクロマ（肩かけ布）でよく包み、投げるときに持つ二～三〇センチの尻尾のような布先を出したチューン（球）をつくる。そして、八～一〇メートル間隔で横に直線を二本引く。

遊び方　まず男性がチューン（球）を女性側の気に入っている人に向かって投げる。女性側は近くに来た人が受ける。隣の人は落とさないように補助し合う。みごと受け止めたら、その人が今度は男性側の気に入った人にチューンを投げ返す。だいたい男は遠くまで投げられるので、あまり強くは投げないが、女はチューンを力いっぱい投げるので強い。そのせいか、男性が落としがちである。男性側が落としたら、罰として落とした人と隣人が踊りながら女性側までやってきて好きな相手を誘う。

しばらく踊って再びドッジボールのようにお互いに投げ合う。投げるとき、男女双方が名を呼んだり、笑ったり、歌ったり、大声を出したり、からかったりするので大変騒がしい。女性側が落とすと、数人が踊りながら男性側に行って一緒に踊る。男性は気に入っている女性が来ると我先に進み出てその相手と踊るが、女性側は必ずしも気に入っていることを表現しない。

人びとが歌ったり踊ったりするときには、小さな太鼓や青銅の鐘が打ち鳴らされる。こうしたことを三〇分も一時間も続ける。正月には若い男女が正装して一晩中続けることもある。

●ドンダームスラックチュー（木の葉盗り）

これは男女が一対で、敏捷さを競う遊びであるが、女性に有利なような規則になっている。

準備　木の葉のついた小枝を四～五本束ねて中央に置き、そこから七～八歩ずつ離れたところに横の線を引く。そして審判役が一人、木の葉のところに立つ。

遊び方　線上に並んで向かい合っている男女に、審判が「三番」と言うと、三番目に立っている男女が木の葉のところに走り寄ってくる。相手に触れられることなく木の葉を自分の陣地に持ち帰れば勝ち。しかし、女性は男性にタッチするだけでよいが、男性は女性の前に出て止めなければならない。だから、木の葉のところで男女のいろいろな駆け引きがある。若い男女が触れ合うことができるのは、こうした遊びのときである。

●レアッコンサーエン（ハンカチ落とし）

これは小さなハンカチでなく、肩かけ布のクロマをねじって二つ折りにしたもの「コンサーエン」を人の後ろに落とす遊びである。円陣になって男女交互に座る。これも正月によくやられるが、子どもたちは乾期の夕方か明るい月夜にも遊ぶ。

遊び方　まず最初の人が、円陣に座った人の後ろを左回りしながら「コンサーエン」を気づかれないようにだれかの後ろに置く。そして、知らぬ顔で回り続け、一周してもその人に気づかれなければ勝ちである。負けた人は皆に笑われたり、踊ったり、歌ったりの罰を受ける。より早く気づけば、そのコンサーエンを取り上げ、右隣の人のお尻をコンサーエンで叩くことができる。そのため、右隣の人は急いで左回りに逃げる。最初に置いた人はより早くコンサーエンを落とした人のところへ行って座る。右隣の人は走って一周し、自分のところへ戻って座る。コンサーエンを持った人は一周の後、さらに二〜三周しながらだれかの後ろに気づかれないように置く。置く前になんどもカモフラージュをするのでわかりづらい。置いた人が一周する前に気づけば勝ちであるが、右隣の人は気づかないとコンサーエンで叩かれる。こうして男女の追いかけっこが次々に進んでいく。

規則　①座っている人は後ろを振り向いてはいけないし、手を後ろに出しておいてもいけない。②座っている人は手を膝の上に置いておく。③プレイヤーは二〜三周以内にコンサーエンを置く。

男女に分かれて鳴物入りでもりあがる綱引き

●ティンプロ（綱引き）

綱引きをするにはある程度の広さが必要なので、たいてい寺院の庭で行なわれる。おもに正月に未婚の男女によってなされるのが一般的だが、村では収穫祭のときにも広い場所さえあれば行なわれる。

綱引きは一般的に日中行なわれるが、明るい月夜に行なわれることもある。たいてい男女に分かれて行なわれるが、女性の力が男性よりも弱いと思われているので、女性のほうの数を多くする。たとえば女性一〇人に対し男性八人の割合である。そのこともあって、たいてい五〜六分以内で女性が勝つことが多い。しかし、一〇分を越えてもなかなか勝負がつかないこともある。

準備　牛や水牛の皮またはココナツの木の葉をなって、子どもの手首ほどの太さの綱をつくる。長さは一二～一五メートル。中央に立っている審判員一人。鐘や太鼓ではやしたてる人。

遊び方　準備ができると、中央の審判員が「ヤーク」と大きな声で叫ぶ。両チームはそれを合図にかけ声を発しながら綱を引き始める。周りの人は応援の声をかけ、鐘や太鼓が打ち鳴らされ、大変活気があって騒々しい。勝負が決まればしばらく休憩し、疲れるまで繰り返し行なわれる。

●アンクイン（木の実当て）

これはアンクインというつる性植物の大きな木の実を投げ当てる遊びで、正月に遊ばれるが、乾期の農閑期には村の子どもたちが夕方によくやっている。

準備　まず、八メートルくらい離して二本の線を引く。アンクインと呼ばれる偏平な円形の大きなアメ色の実を各自が持つ。他に、各陣地に置く数個のアンクイン。

遊び方　男女に分かれて線上に並ぶ。各線の前にアンクインを三～四個並べて立てて置く。男女が交互に、各自のアンクインを投げ当てて倒し、その数を競う。まず男性側が投げて三個倒す。次に女性側が投げて四個倒すと女性側が勝ち。これをなんども繰り返し、合計で勝ったほうが二個のアンクインを持って、罰として負けたほうの人びとの膝を強く叩く。全員が一人ずつ叩くので、何人にも叩かれ、少々痛い思いをする。しかし、若い男女が知り合うにはよい機会である。

この他には「スダイチョン」（王の愛）と呼ばれる遊びがある。これは、二列に並んだ男女の中央にいる王様役の人に、男性側から進み出た一人が自分の好きな女性の外見的特徴を告げて戻る。次には女性側から一人が王様のところに出てくる。この女性が男性の告げた特徴に合っていると、王様役の人は男性の口上を公表する。しかし、違っていると黙ってゲームが続く。これは、男女が次々に中央の王様役のところに進み出て、自分の気に入った相手の特徴を告げて戻る遊びである。お互いにそれらしく思っている男女が、次にすぐ進み出ることによってお互いの気持ちを確かめ合う、まさしくお見合い遊びである。

男の遊びの中で、自分が思っている女は処女かそうでないかを占う遊びもある。それは、家の中の壁にいる「トッケイ」と呼ばれる大きなヤモリの鳴き声の数によって遊ぶのである。

トッケイは、夕方から夜中にかけて大変大きな声で鳴くので、静かな村では遠くまで聞こえる。しかも「トッケイ、トッケイ、トッケイ」と続けて鳴く。この鳴き声は未亡人が男を呼ぶ声だと笑う男たちもいるが、思っている女がいる家のトッケイの鳴き声が、一回で終わるとその女は処女であり、二回だと既婚であり、三回だと処女、四回だと既婚だという。たいてい一〜四回で、五回以上鳴くことはめったにない。だから、五回以上トッケイが鳴くと、大変な幸運がやってくるとされている。また、ときによっては、トッケイが一回鳴くと娘が男を呼び、二回鳴くと未亡人が男を呼んでいるのだと、若い男たちの中には、夜な夜な集まって秘かにトッケイの鳴き声の回数を賭けて遊んでいる人もいる。

3　神々に許しを請う婿入り婚

村の人びとは、朝四時から五時に起床し、夜床に就くのは八時か九時である。まだ電気がなく、明かりはろうそくである。しかし、少し余裕のある家庭では、バッテリーで明かりを灯し、テレビも白黒で画像はあまり鮮明ではないが見ることができる。

男は起きるとすぐに野良仕事に行く。妻は九時頃朝食を夫のところに運ぶ。水牛は暑さに弱く、正午頃までしか働かないが、牛は午後一時頃まで働ける。村人たちは水牛を使わず、暑さに強い雄牛を耕作用に使っているので、家に戻って昼食をするのはだいたい二時頃である。

鍬で田を耕す女

忙しいときには午後一時から二時に田圃の畦で昼食をする。夕方は、男女とも五時から六時に家に戻り、夕食をつくって食べる。その後間もなく寝るのが日課である。

今は農閑期で忙しくはないが、それでも田を耕すために、午前中だけ野良仕事に出る。鍬仕事は男女が共にするが、雄牛を使役する仕事は男がやる。男のいない家庭では女でも牛を使って田を耕す。

クメールの女は、神仏に仕え、夫に仕え、稲作農業に仕えてよく働く。しかし、弱い立場ではない。どちらかといえば男女平等である。

クメール人社会では、女が男を立てるが、家族の中での実権は母親にあり、父親は一人ではなにも決めることはできない。彼らは、このような社会を「ミエッダータッパタイ」と呼んでいる。ミエッダーとは母親のことなので「母親中心的社会」とでも訳することができるだろう。これは母系社会ではない。むしろ、母系社会から父系社会へ移行する過程にある「中性化社会」とでも表現することができる。もちろん、父系社会から母系社会へ先祖戻りする過程にも起こり得る社会現象でもある。

クメール人の社会がもともとは母系社会であったと思われる風習の一つに、今でも農村地帯に残っている「婿入り婚」がある。

男と女が生活を共にするための結婚には、「嫁入り婚」と「婿入り婚」の二種類があった。嫁は息子の妻であり、婿は娘の夫であるので、親の立場からの表現である。

日本での婿入り婚は、娘の家に婿入りすることで、婿になって嫁の家の籍に入ることである。

しかし、クメール人社会の婿入り婚はそうではなく、結婚とは女性の家に男が入ることであるが、女性側の籍に入ることではない。家族内の実権は母親にあるが、家系は父親のほうである。ここでの婿入り婚は、日本語としての意味とは少々異なっている。

クメールのことわざに次のような言葉がある。

「農業を営むには雑草をよく見なければならない。子どもの結婚を決めるにはその親戚をよく見なければならない」

これは、よい農産物をつくるには雑草がきれいに取り除かれていなければならない。子どもの結婚を決めるには、相手もさることながら、その家族や親戚をよく見て決める必要がある、といっているのである。

私は、ポーン・ヤーツさんの家に泊めてもらった夜、パンタさんの通訳で、三四年前にこの村で行なわれた彼女の結婚式について聞き書きをした。

彼女の夫は、プノンペンでインド大使館員として働いていた。彼の名はハーイ・ホーンで、当時三一歳であり、都会育ちで教育のある青年であった。

一九六五年一月、彼は使節団の一員としてこの地方を訪れ、この村にもやってきた。村は一行を歓迎し、いろいろな行事をした。そして、若い男女は見合いを兼ねた遊びをしながら歌い踊った。その中に一九歳の彼女がいた。彼はひと目で彼女を大変気に入った。遊びの中でなんども彼女にそれらしく合図を送ったそうだが、彼女は初めて会った人であり、あまり意識していなかったので気づかなかったという。

その後、プノンペンに戻った彼は、彼女が忘れられず、両親に結婚したい旨を伝えた。彼の両親は息子のたっての願いを受けて、三月初めにたくさんの果物を携えてこの村を訪れ、彼女の両親に会って話し、二人の結婚の同意を得た。

クメール人社会では、両親が同意した結婚を娘が断ることはできなかったので、彼女は同意した。そして、その二ヵ月後の四月末に結婚式を挙げることになった。

クメール人社会は婿入り婚なので、男の家族は結婚式の前の日にこの村にやってきて、近くの家々に泊めてもらった。彼と両親は、彼女の家の一階に寝泊まりした。結婚式は三日間である。儀式の準備はすべて女性側がする。

初日は儀式用のパン菓子をつくる。これは、男のシンボルとして、長さ二〜三〇センチ、直径三〜四センチの棒状の菓子と、女性のシンボルとして、長径五〜六センチの球型の菓子である。これらは、男女の性器を象徴したもので、だれが見てもそれらしくわかるような型をしている。この菓子は、二日目の儀式に出される。

二日目は午前中に、男性側が隊列を組んで鳴り物入りではなやかに女性側の家にやってくる。両親を先頭に、音楽団、正装した婿、結納品を持つ親族と続く。暑いこともあって婿には大きな日傘がさしかけられる。結納品の大半は三六種類もの果物（今日では貨幣を使う）である。

二日目の結婚儀式のハイライトは、男女の誓いを意味するバナナの共食とココナツジュースの共飲である。

まず女性が先に男性の口の中にバナナを差し入れて食べさせ、次に男性が女性の口の中にバナナを差し入れて食べさせる。それが終わると、女性がスプーン一杯のココナツジュースを男性の口に注いで飲ませた後、男性が女性の口にスプーンでココナツジュースを注いで飲ませる。これは、結婚式でもっとも厳粛な儀式である。

長い棒状のバナナの実を共に食べることは、長い一生を共に生活しましょうとの誓い、ココナツジュースは「心」を意味するので、お互いの真心を誓い合うことなのである。こうした儀式の先導役はすべて女性である。儀式はだいたい午前中に終わる。

二日目の夕方から夜にかけて、新郎新婦側の家族や親戚、友人、知人、村人たちが集まって飲めや歌えの宴会をする。これが二人の披露宴で、結婚式のハイライトでもある。

三日目の早朝、新郎にとっては大変重要な「ジョク・ペェリエー」と呼ばれる儀式がある。これは、婿入りしてきた新郎が、この村に迎え入れてもらうために大地の神々の許しを請う儀式である。

ジョク・ペェリエーは次のように行なわれる。

三日目の午前四時頃、新郎は起床し、身支度をして大地にひざまずく。そして、村の大地の精霊に手を合わせて祈り、この村に住むことの許しを請う。

新郎が大地にひざまずいて精霊に祈っている間、新婦は家の中に座し、両手を合わせて「サーツー」という言葉を繰り返して祈る。

サーツーは、キリスト教の「アーメン」とほぼ同じような意味である。日本語では「ありがとう」とか「感謝します」となるだろうが、日本では神々に対してあまり使わない言葉である。

新郎の祈りは、太陽が昇って丸くなるまで続く。太陽が顔を出してから丸くなるまでは、銅鑼や鐘、太鼓などの鳴り物入りで祈る。とくに、日の出に雲がかかっていると銅鑼や鐘を強く打ち鳴らして雲を払い、丸い太陽が拝めるようにする。

ジョク・ペェリエーは「時が来る」という意味だが、この朝の丸い日の出を大地にひざまずいて迎えるときを待つ「太陽崇拝」のことなのかもしれない。

地平線から丸い太陽が姿を見せると新郎の祈りは終わる。そして、新婦が、自分の家の屋根を覆っている椰子の葉を一個抜き取って捨てる。これが儀式の終わりを意味する。

結婚の儀式はこれですべて終わりで、新郎が村人として迎え入れられたのである。この後、新郎と新婦は、新婦の両親と会う。そして、両親は若い夫婦に、金銭や金、水田などを、新郎側から持ってきた分に比例して譲り渡すことを約束する。

二人は三日目の夜から寝食を共にすることができた。

ポーン・ヤーツさんは結婚式の後、二週間ほどこの村に滞在したが、夫の勤めがあるのでプノンペンに引っ越した。しかし、彼女は夫のハーイ・ホーンさんが一九七五年のポルポト時代に殺されたので、すぐにこの村に戻ってきた。

彼女は、この村に戻ると三人の子どもたちの姓を、夫の「ハーイ」から自分の「ポーン」に戻した。クメール人社会ではよくあることである。

母系社会では最初から子どもたちの姓は母姓である。クメールの母親中心的社会は、最初から母姓にしても不都合はないが、一般的には婿入り婚であっても子どもたちは父姓を名乗るのである。しかし、離婚したり死別した場合、しかも再婚しない場合は、子どもたちに母姓を継がせる母親が多い。

現在、カンボジアの首都プノンペンでは、お互いの話合いによって婿入りと嫁入りの両方あるが、地方ではまだ婿入り婚が多い。ポーン・ヤーツさんの三人の子どもはいずれも婿入り婚であった。

ちなみに、彼女がどのくらいの財産を子どもに分けてやったのかをたずねると次のようであった。

一〇年前に長女ポーン・ソチェッタさん（三二歳）が結婚したとき、水田二〇アール（約二反、二〇〇〇平方メートル）を分けてやった。ただし、結婚式の費用は別である。彼女は今夫とともにプノンペンで生活している。

五年前に長男ポーン・チャムラーンさん（三四歳）が結婚したとき、水田二〇アールと日本円にして四万円相当の雄牛を一頭分け与えた。ちなみに、現在の公務員の平均月給は約二五〇〇円で、民間会社でも五〜七〇〇〇円である。彼は他の村の女性と結婚し、今農業を営んでいる。

二年前に二男のポーン・マラーさん（二九歳）が結婚したときは、水田二〇アールを分けてやった。彼は今プノンペンに住んでいる。

今、彼女に残っている財産は、水田四〇アールとバナナ畑二〇アール、屋敷一〇アール、家一軒、雌牛一頭、椰子の樹十数本である。これは末子である三男のポーン・シーターさん（二六歳）に譲り渡す分である。

婿入り婚なので、三男のシーターさんも家を出ることになるのだが、どうするのだとたずねた。

「結婚した後、嫁さんを連れて戻ってくるでしょう。さもなければ、誰かが私と一緒に生活するために戻ってきます」

彼女は心配なさそうに明るく笑った。

4　複数の名前をもつ人びと

現在でもクメール人社会は母系的で、家族がはっきりしていない。「いとこ」を兄、姉、弟、妹と呼ぶことが多いので、兄弟姉妹がたくさんいる。それに、「いとこ婚」が許されており、大家族であることもある。

なにより、家があまり豊かでない場合、親が結婚した娘に田圃を分け与えることをせず、何家族も一緒に生活することがある。とくにこのような場合は兄弟姉妹が多くなって、子どもは皆で共同に育児し、育てる。だから、お産や名づけは特別なことではないのである。

村ではお産は自宅でする。産屋があるわけではないし、家の中に特別な部屋があるわけでもないので、女性はいつも使っているベッドで子どもを産む。産婆役は村の年老いた女性である。お産のとき夫が側にいてもよいが、男はほとんど近づかないそうで、まず女が子を産む姿を見ないそうだ。

この村では、女性は四〇歳頃まで子を産むが、これまでの最年長は五二歳であったという。一人の女性がだいたい四~五人産むのである。

女性はお産をすると身体が冷えるので、季節を問わずベッドの下に火を入れておく。これは日本の「七輪」のようなものに炭を入れて火を保ち続けることである。産後三日間ベッドの下に火を入れ続け、三日後に取り除く。これは一種の床上げで、村の女たちがご馳走を持ち寄ったり、家族がご馳走をつくったりして簡単なお祝いの儀式をする。この後産婦は起き上がって普通の生活をする。

この火取り払いのときに、母親が子どもに名前をつける。この名前に夫や両親が賛同すればそのままであるが、異を申し立てれば他の名をつける。子どもを愛する人なら誰がつけてもよいが、一般的に母親がつける前に身近にいる祖父母が、名をつけることが多い。

子どもの名づけがややいい加減なように思えるが、それは、最初の名前が彼らの日常生活にそれほど重要ではないからである。クメール人は、愛称を含めていくつもの名前をもつ。自分で変えてもよいし、他人から新しい名をもらってもよい。なんとなく個の存在が宙に浮いているようで、個人名が定まらないのである。

たとえば、ポーン・ヤーツさんの四人の子どもたちの名前を例にとってみると、次のように愛称のほうが通り名になっている。

長男のポーン・チャムラーンさん（三四歳）は愛称が「カムイ」（甥）である。これは、おじ、おばたちが「カムイ」とたびたび呼んでいたためについた愛称であるが、今でも親戚一同が呼んでいる。長女のポーン・ソチェッタさん（三二歳）は一般的な愛称が「スレイオン」である。「スレイ」は女の愛称の名につく言葉で、「オン」は「愛する人、可愛い子」という意味である。だから「スレイオン」は「可愛い子ちゃん」である。二男のポーン・マラーさん（二九歳）は、幼い頃、家の中にいる「チンチョ」と呼ばれる小さなヤモリを恐れたので、その名を略した「チョ」と呼ばれるようになった。三男のポーン・シーターさん（二六歳）は、肌が黒いので「黒い」という意味の「コマル」をとって「アーコマル」と呼ばれる。「アー」は男の愛称の前につく言葉なので「黒ん坊」または「黒ちゃん」の意味で呼ばれている。

パンタさんが村に同行した、大学で踊りの歴史学を勉強している研究生チム・ソクカンダラさん（三一歳）の名前はたいへん長い。姓はチムで、名はソクカンダラだという。さらに詳しくたずねると、なんと彼自身の名前は、最後のダラだという。姓の「チム」は父方の祖父の名前、次の「ソク」は母方の祖父の名前、その次の「カン」は実父の名前である。しかし、彼の愛称は「ノイ」で、村人や家族は「ノイ」と呼ぶが、学校の友人は「ダラ」と呼ぶ。もし、名刺をつくるなら本名の「チム・ソクカンダラ」とするが、ほとんどの人は知らない。彼の知られている名前は「ノイ」と「ダラ」だけである。

パンタさんの名前も長い。本名は「シサパンタ・プラム」である。私は彼女をシサパンタと呼んでいたが、彼女が「パンタ」と呼んでくれということなので、パンタさんと記述しているのである。

タイやカンボジアでは、名刺に記されている本名を言っても、会社の仲間や友人たちに通じないことがある。個人が記録上の名と呼び名の二つ以上をもっていることがあるので、まるで二重人格か二つの顔をもつカメレオン的な社会性を身につけている人が多い。これも中性化社会の特徴の一つなのかもしれないが、個人の信頼性が弱く、社会の安定と発展と継続にとってはよい条件だとはいえない。複数の名前をもつと、どうしても社会的責任感が弱くなる。

クメール社会の末子相続制もこれに似ている。社会は規則をつくっていないと大変不安定になる。家督の相続も、長男や長女、または男か女と決まっていると安定しがちであるが、決まっていないと自然に末子相続になる。

人間は誰しも感情によって価値観や快と不快が左右される。親が子どもに対する気持ちもそうである。二〇歳の子どもと五～六歳の子どもを比較すれば、多くの人が幼い子どもを愛する。だから、子どもたちは年長の順に追い出されることになる。ところが、末子が二〇歳になったとき、年長の子どもより親を愛してくれるかどうかは疑問である。末子が家を出る場合は、誰が両親の元へ戻ってきてもよいのである。財産は子どもに平等に配るが、末子に多くやる場合が多い。しかし、親の分の財産が残っているので、親はそれをいちばん気に入った子にやるし、一緒に住むことができる。結果的には家系が存続しがたい場当たり的な社会になりがちで、力のある大きな家族は育ちにくい。

5 夫を守る妻のがまん

母親中心的なクメール人社会の家族の実権は母親にあるが、家系は父親のほうにあり、子どもの姓は父と同じである。家の中では、妻の同意が得られないとなにも決定することができない。そのせいか、夫は余裕ができると外に別の女性をつくりがちである。夫は本妻の許しがあれば第二妻をもてるが、許しがない場合は夫人、同伴者、妾となる。しかし、その女性との間に生まれた子は、夫の実家に入ることが認められている。そして、本妻が死亡した場合は、夫人、妾は妻と認められる。

妻は第二の夫を持つことはできるが、社会的立場が悪くなり、村人から信用されなくなって住みづらくなる。男の浮気はたいした悪ではないが、女の浮気はたいへんな悪とされている。女は貞淑であることが要求されているのである。このような社会的現象には、フランス文化の影響があるのかもしれない。

妻は、夫が浮気をしたり妾を連れたとしても決して悪く言わない。彼女は、夫に対してはじっとがまんして、悪いのは相手の女が浮気しているからだというし、相手の女が夫を誘惑したからだと考える。

妻が夫の浮気相手に会うとたいへんな剣幕で怒り、ののしる。ときには取っ組み合いになることもある。その側に夫がいたとしても、他人事のように眺めていたり、逃げるように去る。

このような同性に対する女性の敵対行為は、母親中心的社会の女の社会的心理によるもので、クメール女性には当たり前のことなのかもしれない。クメール人の母親中心的な社会では「女はつらいよ」とか「母親はつらいよ」という声が聞こえてきそうである。

浮気をする夫を叱ったり、夫に不満を申し立てれば、夫が自分から逃げてしまうのではないかという不安にかられながら暮らす女よりも、夫として、父親としての社会的責任感の弱い男のほうに非はあるのかもしれない。が、なんと言っても母親中心的な社会なのである。

それにしてもクメール女性はよく働く。それに夫を大切にし、よく立てる。

二日目の昼食後、私がプノンペンに戻る前、世話してくれた村人が集まってくれたので、皆で写真を撮った。その後、別れを告げて車に乗った。彼女たちは、手を振ることなく、黙って静かに立ったまま、去り行く車を見送っていた。

三　首狩り社会の女の役目

コニヤック族の村への同行者たち

1　男に首狩りをさせる女たち

首狩りの習慣は世界中のどこにでもあったが、二〇世紀中頃まで残っていたのは、インド東北部の山岳地帯にあるナガランド地方だけかもしれない。

私がインドのナガランド州と呼ばれるナガ高地を初めて訪れたのは、七九年一月であった。

ナガ高地は、雲南高原から南西に半島状に伸びた山岳地帯で、村はたいてい標高一五〇〇メートルもの尾根にあり、要塞化した村国家で、人口は二～三〇〇〇人であった。

北のコニヤック地方のチュイ村は、まだナガ高

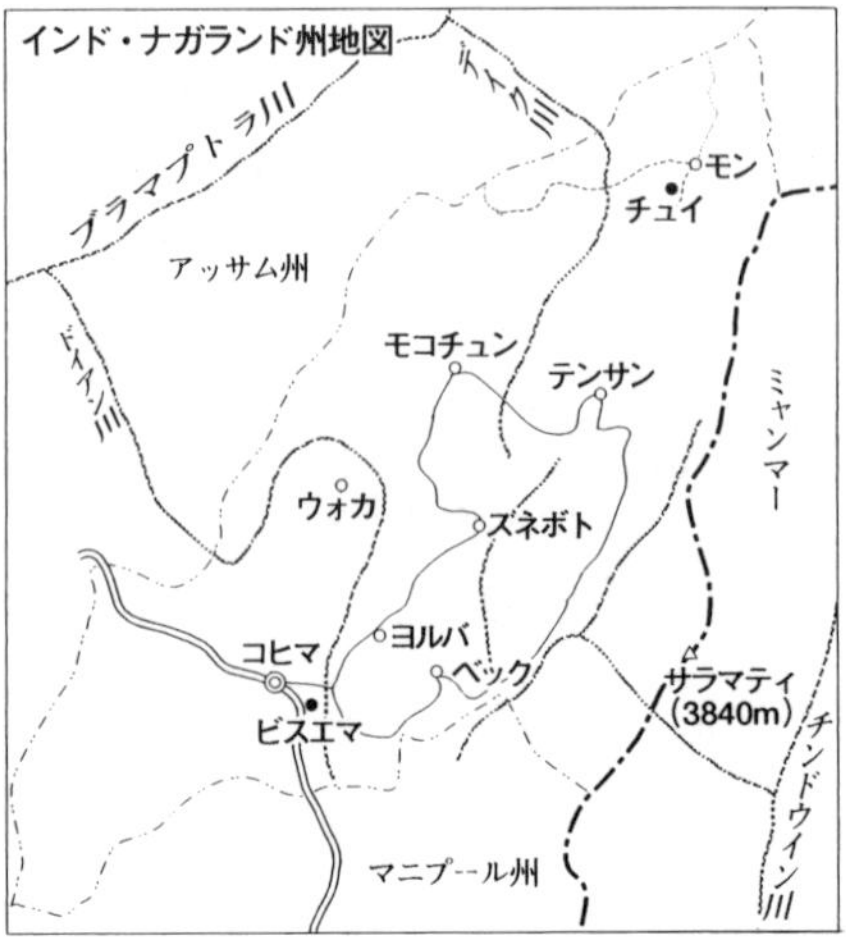

地特有の風習が残っていると聞き、州都コヒマからジープを走らせた。通訳、案内人、そしてライフルとピストルを携えた二人の警官が護衛についた。

チュイは山の上にある大きな村で、二二〇〇人のコニヤック族が住み、活気があった。

村のいちばん上にある王の家を訪れた。間口一八メートル、奥行き七三メートルもある世界一長い茅葺き平屋の家に驚きながら、戸口まで来てさらに驚かされた。入口の左側の壁に人間の頭蓋骨百数十個が四段に並べられていた。横木の上に、小さな竹串を両側の眼孔に刺し、まるでアクセサリーのように固定してある。

「すべて首狩りしたものです」

私が金縛りの術にかかったように立ち止まって茫然としていると、通訳のマンドン氏がなにげなく言ってニヤリと笑った。

「心配いりません。単なる飾りです」

彼は、私を勇気づけるように言った。それにしても、外来者の度胆を抜くには十分な効果がある。

村の人は墓地に葬られるが、首狩りした他の村の者の頭蓋骨は、村の戦闘力の証明として、王家の戸口に陳列される。

家の前に立つカオ王

「今はもう首狩りをしていません。これは十数年前までのものです」

マンドン氏は笑いながら言った。彼は南のアオ族で、ナガ高地ではもっとも早くクリスチャンになった部族だが、二〇世紀初め頃までは首狩りの習慣が残っていた。英国の植民地時代から今日まで、中央政府は首狩りの慣習を禁止し続けたが、コニヤック地方が最後まで残っていた。それがこのチュイ村である。

小柄なカオ王は、顔一面に入れ墨をし、ニコリともせずに私を凝視する。視線が野獣のように鋭く、動きが山猫のように敏捷だ。

インドの低地に住む文明人は、このカオ王を「一一人も妻のいる野蛮な男」と、いかにも非文明的な人物であるかのように悪評するが、実際に会ってみると、村人に支持されたたいへん賢い王という印象である。敵に回すと嫌な奴だが、味方にすると頼もしい男だ。だからこそ、今まで英国にもインド中央政府にも屈せず、半独立を保ってこられたのだろう。

正妻以外の一〇人の女性たちは内妻ではなく、料理人兼家政婦的な存在で、村国家の王家の家事全般を職務とする女官である。私は、カオ王の家に一泊させてもらったが、彼女たちのお世話で食事ができた。

村人の骨格は日本人に類似するが、中年以上の男は顔の入れ墨が異様で、異人種のようだ。部族名にもなっているコニヤックは「黒い顔」を意味する。

村の男たちは昔から自分たちを「コニヤック」と自称していたので、英国植民地時代に「コニヤック族」と呼ばれるようになった。しかし、彼らにすれば「俺は黒い顔の男だ」と胸を張って言っただけのことで、部族の名称ではなかった。

男の子は一五歳で成人し、胸に入れ墨をするが、顔の入れ墨は首狩りに成功した者しか許されない。コニヤックとは一人前の男を意味する言葉でもある。

首狩りは個人またはグループの総合能力によるので、能力のない者は命を捨てるようなものだ。どんなに熟練しても成功率は高くない。村人は訓練と修行の足りた二五歳以上の男でないと、首狩りに出ることを許さない。

「首を狩ることは決して困難なことではないが、それをいかにして村まで持ち帰るかが大きな問題だ」

首狩りの経験のあるカオ王の説明は、具体的な動作がついていてたいへんわかりやすい。まるでスポーツの試合について話すかのような彼のふるまいは、五六歳とは思えないほど敏捷だ。

首を狩った男は、それを身につけて自分の村へ逃げ帰ることに全力を費やす。まるで忍者の如く、七つ道具すら使う。山刀、槍、弓矢、まき鋲、仕掛け糸、粉、手裏剣、その他時と場合に応じて、樹木、草、竹などを使い、わなや仕掛けをすばやくつくる。追手に捕まれば逆首狩りで斬殺されることはまちがいない。

ナガ高地では村国家を存続させるために、自然条件と社会条件をいつも並行に保持していなければならなかった。もし、そのバランスを崩し人口増加が外に向かって爆発すると、必ず全面戦争になる。そうなると、次々に村国家が戦乱に巻き込まれ、止まることのない武力闘争になる。長い歴史の中で「村社会保善」の最善の策が、お互いに暗黙の了解事項である首狩りという間引きの風習であった。それは、独立した尾根にある村国家間の外交術としての首狩り戦争だ。

男たちは、子どものときから遊びとして模擬首狩り戦争（首狩りごっこ）を行ない、女たちを喜ばせる。首狩りは、青少年の心身を鍛えるための手段であり、全面戦争回避のためでもあった。失敗すれば捨て石のように忘れ去られ、成功すれば顔に入れ墨をしてもらい、小さな青銅の仮面をメダルのように首から胸に下げ、結婚の自由を得る。村の女たちは、男が勝ち抜くことを祈って声援し、英雄のみを称える。自分たちが戦うことのない村の女たちにとっての首狩り戦争は、まるでスポーツ観戦的興奮に浸る一大行事なのだ。スポーツとは、技や力、時間や順位などを競い合う行事なのである。

首狩りは一種の原始的スポーツだといえば、目を三角にして怒る人が多いだろうが、手に汗してスポーツを観戦し、勝者に自分を重ねて拍手を送るのは、人間に首狩り行為と類似する益荒男の心が潜んでいるからだ。誰もが心のどこかに、勝者になるヒーローを求めてやまない欲望がある。

ナガの女たちは、男たちのスポーツ的首狩り行為を支え、継続させるために必要な社会組織として母系的な社会をつくりあげていったのだろう。チュイ村の王から聞き書きをした私は、首狩りの風習が母系社会文化の一つであることに気づかされた。

2　女たちの掟

私は、九三年十二月二十五日、一五年ぶりにナガランドを再訪した。

州都コヒマから南へ約二〇キロのビスエマ村を十二月三十一日に訪れた。人口一万人もの近代的なアンガミ族の村は「セクレニー」と呼ばれる「若水奉納祭」の前日で、村の男たちが、その夜「ホエミ」と呼ばれる集会場で、一年間の未解決な問題を話し合う習慣になっていた。

集会場の一つを午後七時半頃訪ねると、毛布を肩に掛け、ズトー（ライスビール）の器を手にした青壮老の五〇名ほどの男たちが、焚き火を囲み声高に話し合っていた。かなり激しくやり合っていたので、通訳に説明してもらうと、掟を破った娘三人を村から追放することについての議論だった。

掟の一つに「相手の確認できない子を産む娘は、村から六年間追放する」というのがある。この六年間が長すぎるというので、若い男たちが年長者に向かって三年に短縮するよう主張した。しかし、年長者たちはなかなか聞き入れようとしないので大口論となったのである。

毎年一月中旬、南アンガミ地方で相撲大会があり、各村から選手が出場する。今では単なるスポーツ大会になっているが、本来は占いや入会権の優先順位を決める大切な行事であった。この部族の儀式的な相撲大会に、相手の確認できない子を産む娘がいる村の選手は必ず負け、しかも骨折したり負傷したりするので縁起が悪いとされている。

ナガ高地では、男女とも一五歳頃から若者宿や娘宿に寝泊まりする。アンガミ族は自由恋愛で、娘が好きな男なら誰とでも関係をもつことができるが、妊娠期に複数の男と関係すると相手を確認できないことがある。しかも、男が同意してくれない場合もある。しかし、同意しても結婚する必要はない。親しい仲間数人が集まって、酒かお茶を一緒に飲み、誰の子であるかを確認し合うだけでよい。

私がビスエマ村で二日間お世話になったビゾデさん（五〇歳）の妻オクレさん（三八歳）は、一六歳から未婚のまま三人の子を産んだが、相手が確認できていたので追放されず、二二歳のと

ナガ高地南部のアンガミ族の村ビスエマ

きに彼と結婚して、さらに四人の子を産んだ。

「私が好きな男の、私の子ども」

アンガミ族の女の言い分はこのようで、たいへん独立心が強く、結婚しない場合はすべて自分の責任の下に育てる。女は男の同意がないと結婚することはできないが、子どもを産む選択権は女にある。

ビゾデさんは、三人の連れ子のある彼女と結婚したが、村ではよくあることで、子どもは多いほうがよいと気にもしていなかった。ただ、連れ子が娘の場合、成長後、義父と関係してもよいことになっている。そのせいもあって、子どもの実父を確認しておく必要があるのかもしれない。

一般的に、娘は一五歳頃になると泊まり屋に出るが、娘が同意すれば義父と関係をもっても問題はない。以前は、母娘と関係をもった男は、黒い腰布に二本の白い線をつけ、そのことを村人に誇る習慣すらあった。

この後、チャカサン族のチザミ村を訪れた。人口二〇〇〇人あまりの村には、五〇〇〇人単位で一つの若者宿がある。村の入口の道沿いに、人頭大の石をたくさん並べた記念石があった。

「これは、二〇〇年ほど前にこの村にいたある男の記念石です。彼の生前を称えて、関係をもった女の数だけ石を並べています」

案内人に教えられ、石を数えてみると六〇個あった。このへんでいちばん多いのが三〇〇個だという。

「この男は、他の村の男の首をたくさん狩り、村人をよく守ってくれたたいへん強い人だったので、村の女たちから好かれていたのです」

村の女たちは、強くて勇ましい男が好きだったのか、彼が本当にすばらしい男だったのか不明だが、数だけは正確なようだ。

男が正式に結婚できる女は一人だけだが、肉体関係のもてる女はたくさんいる。女は結婚しなくても、自分が好きな男なら関係をもち、それを自ら公表もしたので、村人は男の女友達の数のおおよそを知ることができた。

ナガランド北部のコニヤック地方のチュイ村を久しぶりに訪れた。七〇歳を過ぎたカオ王はまだ元気だったが、彼の家は再建され、小さくなっていた。入口の壁にはもう頭蓋骨はなかった。まだ電気がなく、囲炉裏を囲んで話を聞いた。老いてなお元気なカオ王から、首狩りの方法や道具、その後の儀式などについて、さらにいろいろ説明してもらったが、「首狩り行事」は女たちのためでもあり、人口調整の社会制度であることがいっそう明確になった。

コニヤック（黒い顔）の男

首狩りが、一般的な戦争や殺人と違う点は、他村の狩った首を持ち帰って、その事実を村の人びとに周知させる儀式のあることだ。

首狩りに成功した者は、まず村国家の王の目前に首を差し出して、その武勲を承認してもらう。そして、王家の庭にある儀式用の大きな石台に首を置いて、村人への周知を徹底する。その後、王の妻の后がその勇者の顔に木の刺を針に使って入れ墨をする。墨は、竹を燃やして煙を山刀につけ、そのすすを集めてつくる。男たちの首狩りは后から顔に入れ墨をしてもらうために行なわれる。男たちは后の手によって一人前のコニヤック（黒い顔）にしてもらうのだ。

顔に入れ墨のない者は結婚はもちろん、女性と関係することもできない。村の女たちにとって、顔に入れ墨のない男性の子を産むことはタブーなのだ。勇者の黒い顔をした男の種を産み殖やすことが、コニヤック族の女の掟なのである。この風習は、南のビスエマ村に今も残っている、相手が確認できない子を産むと村から追放されることに通じている。

首狩りは、人口調整のためばかりではなく、総合能力のある、より強い男を望む女たちのための選別手段でもあった。男たちに首狩りをさせる女たちの組織的行為は、まさしく弱肉強食の自然淘汰を人工的に促すことであり、母系社会制度を守る原理原則でもあった。結果的には、母系的社会の女たちの掟が、純朴な男たちを首狩りにかりたてる誘因になっていたのである。

現代の秘境といわれるナガランドを二度訪れ、村国家間の首狩りの習慣が母系社会の伝統文化の一つであったことに驚かされたが、社会を営む基本は、文明社会でもあまり変わっていない。そんな思いにかられながらナガランドの旅を終えた。

四　泰族社会を支える女の力

1　娘たちの踊り

中国雲南省南部の泰族自治州に外国人が正式に入域できるようになったのは、一九八〇年四月十一日であった。その日は泰族暦では一三四二年の正月元旦に当たり、私はその日に州都の景洪に着いた。

雲南省シーサンパンナの少数民族の娘たちが、元旦の正午前から景洪の町の広場で、グループに分かれて歌い踊った。

もっとも活発で、豪快に歌い踊るのはジノー族だった。ジノーは、ミャンマーでは「カチン」と呼ばれるが、中華人民共和国では一九五四年にその存在が知られ、七九年に五五番目の少数民族として中央政府から認定された。ジノー族はわずか一万人ほどで、山岳農耕民であり、お茶を栽培している。景洪から二〇キロ離れた彼らの村には、樹齢一〇〇〇年を越える茶の木がある。この村には「若者宿」があり、自由恋愛で、女性が妊娠してから夫を指名する風習がある。この風習は、インドのナガランド州の諸部族と類似する。

ジノー族の男たちは、直径六〇センチほどの丸木をくり抜いてつくった張り太鼓を力強く叩き、銅鑼を打ち鳴らし、シンバルを打ち合わせて、かけ声をかける。

ヨー、ソレソレソレソレ・

ソーレ、ソレソレソレソレ・

ヨーヨ

ヨーホイ、ソーイソイ・

チベット、ビルマ語族系のジノー族の女性は、白い厚手の麻布で先の尖った三角状の頭巾をかぶり、黒地に赤や白色の縞模様の入った襟なしで前合わせの上着と、薄布の肌着を着て、藍や黒色の綿や麻の布でつくった短いスカートをはいている。装飾品は少なく、黒と赤と白の対照的な配色なので、やや男っぽく見える。

次によく目についたのはハニ族の娘たち。ハニ族は、昆明の西のほうにいるイ族と並んで古代の滇《テン》国時代からの烏蛮の末裔とされる父系社会の民族で、この同系にアカ族がいる。ハニ族の男は勤勉で勇敢だといわれ、女性は働き者で銀製の装飾品を好む。彼らは水稲と茶を栽培している。

ハニ族の娘たちの衣装は、上も下もすべて藍か黒色で、そのため、銀製の白い首輪や胸飾りが大変印象的である。頭には花を差し、髪を赤い紐で結んでいる。上着は襟なしで、下は短いスカート、脚絆には美しい模様が刺しゅうされている。

歌は胡弓のような弦楽器に合わせて、男女が交互に合唱する。女性はソプラノで、透き通った声が谷間を渡る風のように流れる。このリズムは、ヒマラヤ南麓のブータンの娘たちの歌と大変よく似ている。

ハニの娘たちの踊りは、ジノーの娘たちのよりもやや動きが小さくゆったりしていて、やや腰を引き加減にして、両手を同時に右や左に振り上げ、足を一歩一歩進める。

ハニ族よりもはるかに緩やかに、優美な踊りをするのが泰族の娘たちである。

泰族の一部は仮装をしていた。チョウチョの仮装をした娘たちの踊りは、島根県津和野の鷺舞に似た、ゆっくりした踊りだった。水の神である竜の仮装は、色彩豊かに着色されていた。踊り方は日本の獅子舞に似ていたが、娘たちと戯れる様子は、神様の庶民性を象徴しているようでたいへんおもしろく、親しみがもてた。

娘たちは、両手を緩やかに上げたり下げたり回したりしてたいへん優雅な身振りで、日本舞踊に似たしぐさだ。

野外での娘たちの踊りを見終わって気づいたことは、ジノー族のように、大変活発で動きが激しく、とんだりはねたりする踊りの型と、泰やハニ族のように、動きが小さく、ゆったりと優雅に踊る型があることだった。

日本舞踊は庶民的な踊りではないが、盆踊りは庶民の踊りで、動きが大きく活発である。それからすると、泰族の踊りは日本舞踊に通じるものがあり、ジノー族の踊りは盆踊り的である。ということは、泰族の娘の踊りは他人に見せることを意識し、ジノー族の娘の踊りは自分が主人公になって楽しむ踊りだ。

泰族の娘たちは、アオザイに包まれた、柳のようにしなやかなベトナムの娘たちの身体よりもやや肉感的で、男の目を十分楽しませてくれ、南国の魅惑的な女性を絵に描いたようである。それは、女性たちの容姿にもよるだろうが、身につけている衣類のせいもある。

「これはシャー、これはシーンです」

二二歳の案内人タオさんが、自分の身体につけた細袖の短いシャツと、腰に巻いた筒スカートを指して説明してくれた。

娘の衣服は、基本的には細袖の短いシャーと呼ばれる透けて見えるシャツに、かかとまである長い筒スカートのシーンである。一枚の薄い布を巻きつけて腰の上で止めているシーンは、いたずら心でひょいと引けばサラリとすべり落ちそうな具合なので、男の欲望を駆り立てるに十分な、開放

優雅に踊る泰族の娘たち

的な雰囲気である。

泰族の娘には、ふくよかな丸顔が多い。目は二重瞼で愛らしく、鼻は丸みを帯びて高からず低からず、顔に合ったやや開いた鼻。目鼻だちがくっきりしているわけではないので、彫りが深いとは表現できない。後頭部には、長い黒髪をクルクルとうず高く巻き上げ、ピンやくしでしっかり止め、花やかんざしを差している。

襟のないシャーは、桃色や黄、緑、白色などの薄い布で、肌が透けて見える。孔雀よりもつややかな色彩の布を好むといわれる筒スカートのシーンは、腰からお尻の線が鮮やかで、ベトナムのアオザイよりもはるかにエロチシズムの表現が芸術的である。そのシーンを金属製の鎖型バンドで止めているが、歩いているうちにずり落ちそうだ。

この地方の風習だそうで、女性は未婚のときに犬歯と次の歯を金で包んでいる。笑うとキラリと光る口元は、エロスの神が誘いの信号を送る合図のようでもあり、娘をいっそううういしく、魅惑的にする秘技の一つのようでもある。

泰族の娘たちは陽焼けを気にしてか、色彩豊かな日傘をさして歩く。頭に姉さんかぶりに白やピンク、柿色などカラフルな布を巻くこともある。肌色は日本人と変わりないが、きめの細かいすべすべした肌をしている。

美人と表現するよりも、かわいいという言葉がぴったりとするような娘たちが、カラフルな日傘をさし、スラリと伸びた豊かな身体に、透き通るように薄いシャツを着て、艶やかなシーンに

色とりどりの筒スカート（シーン）を着て街を行く泰族の娘たち

泰族の高床式入母屋造りの家

包まれたお尻を振りながら歩く姿は、エロスの神に溺れやすい世の男性にとって、世界でいちばん魅惑的な女性たちでもある。

2　女性が好む高床式住居

泰族の家は、竹と木と茅からできている高床式入母屋造りで、囲炉裏以外はどこにも土を使っていない。これは江南地方にいた古代越族の住居の型とほぼ同じとされている。

景洪の郊外の村は、たいてい家が数十軒集まって、周囲には稲が青々としていた。家はいずれも高床式で、梯子か階段を登る。その家の茅葺きの屋根には、日本の神社に見られる「千木」や「かつお木」と見まがうものがある。

日本の神社によくある「千木」や「かつお木」は、とってつけたような具合に見えるが、泰族の民家の茅葺き屋根を見ると、その存在理由が一目瞭然である。

「千木」と呼ばれる二本の角が屋根の切妻から出ているのは、屋根の両側の妻を風から守るため、補強用として固定した二本の丸竹が棟で交差し、反対側に屋根から突き出た部分である。それは短いよりも少々長いほうが、棟押さえを固定するために便利なのである。「かつお木」と呼ばれるものは、両側の屋根を棟まで葺き上げ、雨もりがしないように棟から両側に橋渡しをした茅を両側から押さえる二本の竹、すなわち棟押さえを固定するため、棟に突き刺した横木なのである。

千木もかつお木も、茅葺き屋根を補強するためにはなくてはならないものであり、もしそれがなければ、屋根は雨風に弱く、一度の嵐で屋根の茅が吹き飛ばされてしまう。

日本の神社にある屋根の千木やかつお木は、今日では棟飾りの一つで意味がはっきりしないが、はるか昔の先祖たちが、越系の稲作農耕文化の象徴として、先祖霊の神々が宿る家である神社だけにはそれを残し続けて今日に至ったのかもしれない。

泰族の家が高床になったのは、よくいわれていることだが、雨がよく降り、大地が湿地化し、蛇や野獣、それに鼠が多いからとされている。高温多湿地帯では、高床式家屋のほうが安全に、しかも快適に生活できる。

高床式家屋は、まず床をつくる。その次は、風雨に耐える屋根をつくる必要がある。それは、風雨に強いだけでなく、より効果的な屋根が望ましい。とすると、切妻造りでは妻側が風雨に弱い。可能なら四方に屋根があれば風雨に強く、かつ床の面積が最大に使用できる。ということから考案された入母屋造りは、屋根の雨を四方に落とすつくり方で、しかも屋根を伸ばして周囲の壁を低くすれば、高床の限定された床がより広く使える。最小限四本の柱でつくった高床の上に、生活するための最大面積の家をつくるには、入母屋造りがもっとも望ましい建築様式だ。

静岡県の登呂遺跡には、高床式切妻造りの穀倉が復元されているが、あの四本柱の上に、一家族五〜六名が生活するに十分な入母屋造りの家ができる。

ナガ高地のように尾根や山頂に家が密集し、水の不便な場合は、火事を恐れて穀倉を住居と別にする。しかし、平地の水田地帯に住む泰族は、火事の心配が少ないため、穀物を住居の中に保存するので穀倉は少ない。

高床の下にはたいてい豚が飼われているし、鶏もいる。食生活で不要になったものや生ゴミは床から落とすと自動的に掃除されるので、日常生活には便利であるし、掃除の手間が省ける。

泰族の村の家で、屋根が板であったり板状の瓦である場合は、千木もかつお木もなかった。日本の瓦屋根もそれらを必要としていない。しかし、泰族の女が好む家は、今も自然環境にもっともなじんだ高床式入母屋造りの住みよい住居なのである。

3　優しそうな女

景洪の中心地の街頭には自由市場がある。頭に布を巻いた近郊農家の娘や主婦たちが、いろいろな物を並べて座っている。下は一〇代から上は五〜六〇代までの女たちが、早朝から昼頃まで、根気よくお客が来るのを待ってにこやかに売る。

米の酒、焼酎、みそ、しょうゆ、納豆、もろみ、酢、漬物など、すべて女たちが自分でつくった自家製品だ。野菜、果物、穀物、豆腐、こんにゃく、もやし、鶏、卵、豚肉、漢方薬など、自分たちでつくるありとあらゆるものを市場で売る。しかも、大きな声で客を呼び寄せるようなことはしないで、静かに誠意をもって売っている。

泰族の女たちは、一見しなやかで弱そうだが、たいへんな働き者で、しっかりしている。そのせいか、男を前面にたてるが、女が陰で支える風習がある。これは、カンボジアのクメール人の女とほぼ同じである。

景洪の町から三キロほど歩いて、午前九時過ぎにマンチン村に着いた。この村には九〇軒の家があり、四六〇人の村人が住んでいる。

村の広場には若者たちが集まって、細長い象脚鼓を叩いていた。娘たちは、新しい筒型のスカートとシャツを着て、頭に髷《まげ》を結い、くしを差し、その日行なわれる水かけ祭り用の洗面器を手に集まりかけていた。

私は、村の様子を見ようと、カメラを肩にかけて歩いてきた。男たちはどこかの家に集まって酒でも飲んでいるのか、ほとんど見かけない。正月のせいか着飾った娘や婦人たちが多い。女たちは家の前を私が通りかかると「スザリオ」(こんにちわ)と笑顔で声をかける。

歩いていると、ある家の前で三〇歳あまりの美しい婦人に呼び止められた。立ち止まって相手を見ると、家の中に入れと手招きをして勧める。一瞬迷ったが、大変明るく気さくな感じだったので、高床の木製の階段を上ると、優しそうな彼女は微笑みながら誘ってくれた。

家の中には彼女のほかにだれもいなかった。開放的な広い間取りの中央にある木の食台に正月用の糯米料理やバナナ、西瓜、マッコラなどの果物が、まるで私を待っていたかのように置いてあった。私は誘われるままその席に座る。

彼女は親しげに微笑みながら、茶碗に焼酎を注いで勧めてくれる。恐れや疑いのない明るい表情で、一杯といわず、三〜四杯と米の焼酎をふるまってくれる。なにもおっしゃらずにまずはお飲みくださいとばかりに勧める。

「トハ、モープー、カムタイ」

私は緊張気味に、ノートに記しておいた「私は泰語が話せません」という言葉を読んだが、彼

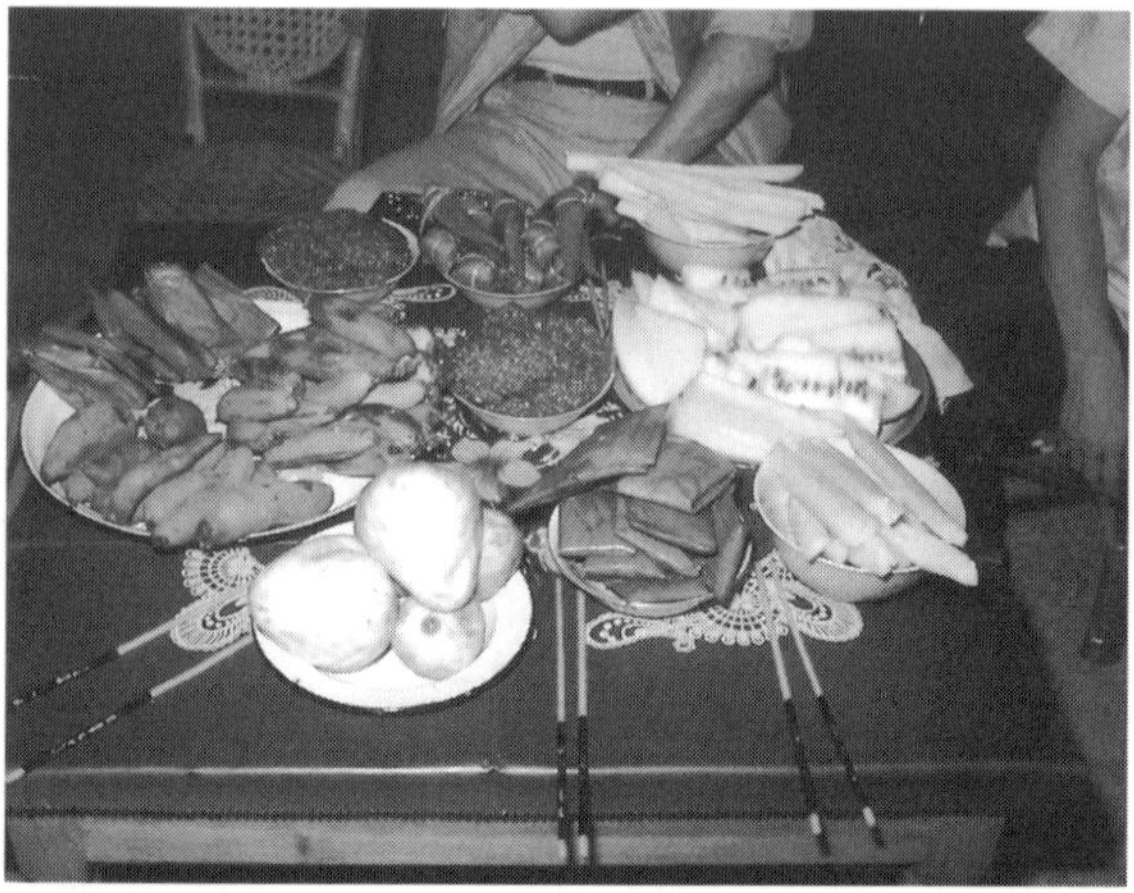

泰族の正月料理

女はそんなことはどうでもいいと言わんばかりに、果物を手渡してくれたり、黄色いおこわを渡してくれたり、まるで肉親のようににこやかにふるまう。なんだか故郷に帰ったような安らぎと解放感が、酒も入っているせいか私の心を和ませてくれた。

私は、泰族の女性の一献に、故郷の肉親と飲むように気が晴れ、まるで盆と正月を同時に迎えたような気分になった。しばらくの間、時の流れを忘れていたが、なんとなく酔いつぶれそうな気がしてふと不安がよぎり、長居は無用と立ち上がった。去るときにはまるで自分の家を出るように、右手をひょいと上げ、頭をぺこりと下げ、にこりと笑って「ありがとう」と言って外に出た。彼女は階段に立ち、笑顔で手を振ってくれた。彼女は「西遊記」に出てくるような妖怪ではなかった。しかし、優しそうな表情ではあったが、媚びる気配はなかった。やはり、異国を旅する男にとっては妖怪であったのかもしれない。

4　魔王までも退治する娘たち

村の広場では、若い男女が鼓を叩きながら踊っていた。彼らはこれから町に行って水かけ祭りに参加する。水かけは午前一〇時半から午後六時まで続くという。水をかけられると一年間の厄払いになると信じているので、人びとは競って水をかけ合う。初めてのことで、どの程度水をかけられるのか知らなかったし、気持ちよく焼酎を飲んだこともあって気軽に出かけていったが、

景洪泰族の女たちの水かけ祭り

町を歩いている私に、カメラなどにも無頓着に水を浴びせかけるのには驚かされた。

その日の午後、私はマンチン村マンチュ寺で行なわれた水かけ祭りに参加した。もともとの「水かけ祭り」は、村の人びとがお寺に集まり豊作祈願をするため、仏像を水で洗い清め、その水をかけられた人は縁起がよいということから始まった。水かけは寺の中で行なわれるのが本当なのだが、今では道路、街頭、庭、公園など、どこでも遠慮なく水をかけ合う。

この水かけ祭りの、景洪泰族の由来は、次のように説明されている。

「昔々、火の魔王が、村人から七人の若い娘を人質にとっていました。いちばん若くて賢い娘が魔王にたずねました。

『魔王よ、あなたのいちばん強いところは?』

『わしのいちばん強いところは長い髪の毛だ』

魔王から彼の弱点を聞いた娘たちは、酒をたくさん準備して飲ませ、気前よく大サービスをしました。七人の中でいちばん利発な娘は、魔王が酒に酔いつぶれて寝入ると、彼の頭の長い髪を全部刈り取ってから、首を切り落としました。

切り落とされた魔王の頭は、真っ赤な火の玉となって火を噴き出し、周囲のものを焼いて火の海にしました。しかし、七人の娘たちは、力を合わせて水をかけ、やっとのことで火を消し止めることができました。そして、彼女たちはランツアン川で沐浴し、汚れを落とした後村に戻り、皆が幸せな日々を送ることができました」

このようないわれによって水かけ祭りが起こったとされているが、仏教国のタイ王国やミャンマー（ビルマ）、ラオスなどでも正月行事の一つとなっている。私が見た限りでは、タイ王国の旧都チェンマイか、ミャンマーの古都マンダレーの水かけ祭りがもっとも大きな行事のようだ。

景洪泰と同系の泰族が王侯貴族であるタイ王国は、アジアの中で唯一欧米の植民地になっていない国である。タイ王国は武力的には決して強い国ではないが、女性が裏舞台で男性を繰る柔軟な外交術にもっとも長けた国だとされている。

タイ王国では、稲作農業地帯の労働は女性中心で、男は付録のようなものである。女性が大家族を支えることを「女の甲斐性」とする風習がある。魔王を退治する七人の娘の強さが、稲作農耕文化に育まれた泰族の女性なのだ。

母系社会的な文化を培ってきたタイ王国では、男を前面に押し出して、陰で女たちが支えている。家庭にとどまらず社会でも女の力が強いのである。景洪泰族の美しき女たちも、しなやかさと優しさで、強がりの男たちを母の如く抱き込んでしまう本性を秘めている。

景洪泰族の正月行事を、しなやかに生きる女たちを通して観察した。稲作農耕文化という日本と類似する生活文化のせいか、半世紀も前の故郷と同じような村社会の中で、時と場所を忘れてしまうような解放感を味わった。そして、「稲」と呼ばれる植物の持っている力の偉大さと、それを取り巻く人びとの醸す風習の共通性を感じながら泰族の村を後にした。

II 貴州省の女と祖霊信仰

舟渓苗族の女の子の髷

一　江南文化を求めて貴州高原へ

初めて貴州省を訪れたのは、一九八三年九月一日であった。それ以来九六年八月までに三度訪れて、江南地方の江西省から移住してきた稲作農耕民の苗族や侗族、布衣族などの村々で、彼らの生活文化を踏査した。知れば知るほど日本の生活文化と類似する点が多く、疑問と関心が強くなった。そして、その疑問に答えるヒントを求めて、浙江、福建、江西、湖南省など江南地方への旅をも重ねてきたが、初めて訪れた貴州省凱里への旅は、たいへん印象深い。

午前九時三〇分、小雨に濡れた滑走路に着陸した。周囲には緑が多く、茶畑が続いている。空港ビルは小さく、殺風景で活気がなかった。中に入ったが、旅行社の迎えの人はいなかった。必ず来るだろうと、一〇分ほど待っているうちに、小柄な男性が小走りにやってきた。彼はだれかを探しているふうなので私のほうから声をかけた。

「アッ、すみません。森田さんですか」

男は申し訳なさそうな表情で私の名前を確認した。

「そうですよ」

「はじめまして。中国国際旅行社貴陽分社で日本語通訳をしております李朝と申します」

彼はペコリと頭を下げ、かなり上手な日本語で言った。

李朝さんは三〇歳、もう一人の青年は何鳴君（二一歳）。これからは彼らが私を案内してくれるという。

磊圧飛行場から貴陽までは三四キロもあるが、途中一六キロのところにある花溪賓館に車で案内してくれた。道沿いには水田やこうりゃん畑があり、緑が多く、桂林のような石灰岩の柱のような岩山があり、美しい景観である。

一〇時二〇分についた花溪賓館は、なんと革命以前は芽台酒の醸造会社の社長の別荘であった。周囲の景観はよく、下には水のきれいな川があり、橋のたもとには水車による製粉所がある。

手続きをして部屋に入るとたいへん広く、大きなベッドがあり、バス・トイレつきで豪華な雰囲気だ。ソファにかけて、李さんと一二時までこれからの予定を話し合う。

私の希望を入れ、苗族や布衣、侗族の村を訪れるには、どうしても九月八日まで滞在する必要があるという。七日の朝、貴陽から湖北省の武漢へ飛ぶ予定であったが、予定を変更して、八日の夜、鎮遠から汽車で湖南省長沙へ行くことにした。

旅行の予定は、明日の二日は、南西のほうにある安順市近くの黄果樹滝を見た後、石頭寨の布衣族の村を訪れる。そして、三日の午後から二〇〇キロ東の凱里県に行き、四、五、六日と旁海地区で苗族の芦笙節（豊年祭）を見学した後、鎮遠で侗族の村を訪れる。車の走行距離は、約一

貴州省の位置

四〇〇キロになるだろうとのこと。

日本を出発するときには情報がなく不安であったが、現地で李さんが民族調査という私の旅の目的をよく理解し、たいへんよくやってくれるので、ほぼ希望通りに予定が組まれた。

貴州省には非漢民族の少数民族と呼ばれる四六の民族がいる。省の総人口は約二八五五万人。そのうち少数民族の総人口は約七四二万人である。なかでも苗族がもっとも多く、約二五八万人とされている。他のおもな民族は、布衣二一〇万人、侗八五万人などである。

苗族は江西や湖南省から、侗族は江西や福建省の海岸地方から、布衣族は江西省から移住したとされている。苗族の中でも湖南省の洞庭湖近くから来た人びとの中には、屈原を先祖とすると自称する人びとがいる。

貴州省は、現代中国の中で、もっとも漢民族化の遅れている地域で、漢語が通じるのは人口数万人以上の町だけである。しかも、その漢語は、北京を中心とする普通語ではなく、貴州なまりの強い貴州漢語である。

李さんの説明によると、貴州省は民族が多いので、通訳泣かせの地域で、通訳の通訳が必要だという。

雨はなかなか降りやまなかった。貴州には「三日と晴れた日が続かない」ということわざがある。貴州は平均標高一一〇〇メートルの高原地帯なので、天候が崩れやすい。標高一〇七〇メートルの貴陽は三月下旬から五月初旬の春がもっともよい季節で、野山に花が咲いていてたいへん気持ちがよいそうだ。五月、六月は雨期で、五月五日の「粽祭り」以後はいつも雨が降り、粽節句から四〇日以内に田植えをすることになっている。

二　多民族社会の成り立ち

翌二日は、午前八時に雨は止んだが曇りだった。黄果樹地方は標高が低いので天候がよくなるだろうと、八時過ぎに出発した。一行は、李朝さん、その助手何鳴君と運転手と私の四人である。近道をするため貴陽へは行かず、飛行場の横を通って田舎道を走った。

道沿いにある石灰岩の岩山がたいへんふしぎな形をしている。石柱、ピラミッド、円筒、ドーム、ビル、宇宙船など、いろいろな形の奇岩があり、楽しくて窓から目をそらすことができない。

安順市に近づくと、「老漢」と呼ばれる人びとの村があった。彼らは、明朝時代に、南京から明軍としてやってきて安順市に駐屯していた人びとの末裔だといわれている。彼らは、当時の漢民族の風習をそのまま残しているそうである。男の老人は漢服で漢帽をかぶり、女は漢服で頭に白または黒の布を巻き、娘は髪を長く伸ばしている。家の壁には赤い唐辛子をたくさんかけている。彼らの調味料は唐辛子とにんにくだ。

貴州省は、高原地帯の山国で雨が多く、湿度が高いので筋肉痛になりやすい。そこで、内から身体を暖めるために、酒をよく飲み、唐辛子を料理によく使うそうである。今、唐辛子の収穫期

上　「老漢」の村

下　漢民族の風俗をした「老漢」の女性

で、どの家でもたくさん軒下などに吊るしている。唐辛子のあざやかな朱色がよく目につく。老漢の村には、石灰岩を焼いて粉にする家内工場が多い。それは、肥料として土に施すためではなく、彼らが家の壁を白く塗るために、石灰をよく使うからである。

貴陽から一〇〇キロ南西の安順市を過ぎると老漢の村はなかった。花苗の村が一ヵ所あったが、道沿いにあるのはほとんど漢民族の村である。

道は徐々に下り坂になり、黄果樹村近くになって急な下り坂になった。黄土色の水が流れる白水河沿いに黄果樹村があった。滝は村の下のほうにあり、幅七四メートルもの水が八一メートルもの高さから落ちていた。大量の黄褐色の水が白い水しぶきを吹き上げながら落ちる光景は、なかなか迫力がある。

滝から一キロのところに接待所があり、昼食をしているうちに天候が回復し、明るくなった。ところが、標高八〇〇メートルなのでたいへん蒸し暑くなった。

二時前から引き返し、道路から約三キロ離れた布衣族の石頭寨(村)を訪れた。村は小川沿いにあり、子どもたちが水の中で遊んでいた。

前もって知らせていたのか、村人たちは太鼓や笛で迎えてくれた。この村はろうけつ染めが有名だそうで、その作業場を見せてもらい、土産に数枚買った。そして村人たちに質問して聞き書きをした。

村は一九二軒あり、人口は一一一四人。稲作農業の村で、稲（オカ）やとうもろこし（オーポン）、麦（ツーメン）などを栽培している。
彼ら布衣と自称する民族は、明朝時代に、江西省から軍隊の用員または政策的な移民としてこの地方にやってきた人びとの末裔である。それは、明朝を建てた朱元璋のとった二つの政策、調北征南（北の軍隊を派遣して南の諸民族を征する）と調北塡南（北の民衆を南に移民させる）によって行なわれたことであった。

土地神を祭る祠「ゲンダイ」の前に立つ布衣族の娘

布衣族は精霊信仰で多神教である。「ゲンダイ」と呼ばれる土地神を祭る祠があった。中には男女二体の神像がある。日本の道祖神に似ている。
彼らの墓は、風水先生または陰陽先生と呼ばれる祈禱師が占いで場所を決める。その条件は、水が東に流れる、きれいな山、あまり高くないところ、草木の育つところ、見晴らしのよいところなどで、墓を東向きにつくる。よいところに墓をつくると子孫が幸福になれるのだという。
午後二時半から五時半まで村にいた。去るときにも再び太鼓や笛で送ってくれた。

「ネバーイ」（さようなら）

たいへん人なつこい村人たちに別れを告げ、安順市まで戻り、街中を少し見物した。街の家は木造で、しかも古く、日本の街並によく似ている。

安順市の市場に糸引納豆があった。日本の塩辛納豆の類似物で、やや塩気があった。これを乾燥させて味噌のようにしたものもある。肉と一緒に煮るための調味料で、生では食べないそうだが、私はつまんで食べてみた。つくりたての味噌のようで甘辛い味がした。

寄り道をして遅くなり、花渓の賓館には八時二〇分に着いた。客が私一人であったこともあり、副総経理（副社長）が待っていた。昨夜彼と話したとき、今夜大山椒魚の料理をつくってくれる約束をしていた。

夕食のスープの中に、筍、茸と大山椒魚の黒皮のついた切り身が入っていた。大山椒魚の肉はワニや食用蛙と似ている。固くはないが、少し歯にキリキリとこたえる。味は鶏肉より少し脂っこいが、スッポンよりうまい。皮下脂肪がやや茶黄色であまり好きな色ではないが、スープの味はたいへんよい。なんの料理か知らずに食べるとたいへん珍味である。貴陽の近辺には清流が多いので、大山椒魚がたくさんいるそうで、市場でも売られている。貴州は自然が豊かで、非漢民族の人びとが多く、江南地方を原郷とする稲作農耕民の母系社会的な生活文化がまだ色濃く残る多民族社会なのである。

三　苗族の町、凱里へ

九月三日朝八時に出発予定であったが、濃霧で天候が悪かったので八時半に花溪を出発した。貴陽にある貴州省政府庁へ行き、二〇〇キロ東にある凱里を訪れる許可書をもらう。手数料は一元であった。

今回の旅ではもう貴陽に戻ってはこないので、天候が悪かったが、市内が見渡せる黔霊山（一八〇〇メートル）に登ることにした。頂上近くの寺があるところまで車で行き、三〇〇メートルほど歩いて登った。大きな岩のある頂上から貴陽の町を見下ろした。しかし、ふだんなら一望できるはずが、かすんでよく見えなかった。頂上の岩は数十メートルの絶壁になっている。

「文化大革命中、知識者の数人が紅衛兵に追われ、この頂上から飛び下りて死にました」

絶壁の上に立って、李さんが悲しそうな表情で言った。

「紅衛兵に狙われた知識者の大半は、その場で殺されましたが、なかには行き場を失って自殺した人もいます。とくに貴陽は他の町に比べて多かったようです」

李さんはまだ一二歳だったので事情が理解できなかったが、たいへん怖い思いをしたそうだ。彼の記憶の中にある文化大革命は、一種の戦争状態で、だれも信じられなくなり、飢えと不安で緊張していたという。

当時、貴陽では寺や廟、文物がことごとく破壊され、知識人の多くが断罪された。現在、町の中にある四つの大きな寺は、学校になっていたり、人民が住んでいる。寺の姿を残しているのは、この黔霊山にある寺だけである。

貴州省には多くの非漢民族の人びとが混住している。その省都の貴陽も、文革中社会情勢は激しく揺れた。多民族社会は、なにか起これば簡単に無政府状態におちいりやすいのである。山頂から見る貴陽の町は、盆地の中にある静かで平和な町のように見える。しかし、内紛ともいえる文化大革命は、人びとの心の中に大きなしこりを残し、人類の遺産である文化を紛失させていた。

山を下りて市内を見物したが、昼頃まで霧が晴れなかった。町中の貴州省接待所で昼食をとった後、やっと空が明るくなり、午後二時に東の凱里に向かって貴陽を出発した。車は、これまでの乗用車から、六人乗りの三菱自動車のバンに代わった。これから行く凱里地方では、私たちのほかに、現地の案内人と通訳の二人が同乗する。

貴陽盆地を出ると、平地はなく山ばかり。道は上ったり下ったりでカーブが多い。山には木が多いが、高木はほとんど赤松である。ところどころに石灰岩のおにぎり山や双こぶ山がある。谷間には棚田があり、ゆるい斜面にはとうもろこし畑がある。

三時半頃、独水河と呼ばれる川沿いにある盘江に着いた。この川にかかる橋のたもとに村があり、犬料理を呼びものにしている食堂が並んでいる。このへんでは、犬は食用の家畜で、食べると身体が暖まる薬食同源の高級料理である。

貴定を過ぎて麻江県の下司に着いた。この村は、湖南省の洞庭湖に流れ込んでいる沅《ユワン》江の上流の一つである清水江のまた上流になる龍頭江の川沿いにある。紀元一五〇〇年頃までは貴陽からこの村までが漢人の居住地域であった。以前は、この清水江（龍頭江）を境に漢人と苗族の居住区域が分かれていた。

下司で週一回の市場が立っていた。漢語で市場のことを「赶場」、苗語で「カーシャン」と呼ぶ。漢族や苗族など、たくさんの人びとがいたが、市場はもうすでに終わろうとしていた。正午頃にはもっとたくさんの村人が集まっていたそうだ。

清水江（龍頭江）を渡れば苗族の勢力圏であった。しかし、明朝時代末に漢人が侵入し、現在の凱里が鎮寧（鎮定して平和なところ）として誕生し、今日に至っている。現在でも、町以外はすべて苗族の村である。

川を渡った地方は舟溪苗の居住地域で、女性は頭髪を高島田のように高く結ぶ特徴がある苗族の若者は、赶場に行った帰り道、市場で見そめた娘に近寄り、歌で挨拶する。そして、お互いに気が合えば、歌ったり話したりして自己紹介的なやりとりをする恋人探しの風習がある。これは今も続いているそうで、道沿いで若い男女が話し合っているのを見かけた。

しばらく走ると、北のほうに苗族の聖山である標高一五〇〇メートルの「香炉山」が見えた。

山の形が香炉に似ていることからつけられた名称である。旧暦六月十九日は、苗族の若者たちはこぞって香炉山に登り、男女で対歌する。これは、日本にも古い時代にあった「歌垣」と同じもので、男女が集団または一対一で、自然や感情、物事の経過などを歌い合う祭りであり、「爬坡《パーポー》節《チェ》」と呼ばれている。若者にとっては恋人を探すよい機会であり、越系諸民族には古代からある特徴的な習慣である。

「山高ければ水高し」

苗族のことわざであるが、彼らは、山肌を中腹まで耕して水田をつくり、いたるところの山麓にりっぱな棚田が見える。低地には漢民族の広い水田がある。

「苗族は高い山が好きなんだ。彼らは標高八〇〇メートル以上のところに住んでいるよ」

町の漢人たちはよくこんなことを言うが、苗族は、漢人たちに追われてしかたなく山に住んでいるのである。

「雷公山（二一七〇九メートル）は苗族の心臓で、清水江は居住の場」

苗族にはこんなことわざもあるので、必ずしも高いところを好んで住んでいるわけではない。

とにかく、江南地方を大故郷とする越系民族の末裔である苗族は、大半が稲作農耕民で、いろいろな生活文化をもっているおもしろい民族である。明日、四日から始まる芦笙節は豊年を祝う「豊年祭」で、日本の秋祭りと同じような意味をもつ行事である。明日から三日間凱里を中心に、このへんの苗族の村々を訪れてみようと、はやる気持ちを抑えながら周りの景色を見ているうちに、午後七時前に凱里に入る。やがて町の中心にある営盤《えいばん》坡《ば》招待所に着いた。そして、私たちはすぐに夕食をした。

二階の二〇四号室は応接間のある広い部屋で、ベッドが二台と机と椅子がある。まもなく黔東南苗族侗族自治州政府の外事弁公室の楊正方さん（五〇歳）と、凱里市政府の楊天祥さん（五〇歳）の二人がやってきたので応接間で会った。彼らはたいへん親切で、苗族について知りたいと告げると、喜んで積極的に話してくれた。

黔東南苗族侗族自治州には麻江県と凱里県がある。標高六〇〇メートルで人口一〇万人の凱里は、自治州の中心地であり、黔東南苗族の中心地で、町の人口の半分は苗族である。

黔東南苗には「雷山苗」「台江苗」「黄平苗」「舟溪苗」の四部族がいる。雷山の娘たちは頭髪に花かんざしを差し、台江の女性は大きな耳飾りをつけ、黄平の女性は円い帽子をかぶり、舟溪の女性は髪を高く結んで高島田のようにする特徴がある。

この辺では苗を「ミャオ」と発音する。高い山に住んでいる「高山苗」を「青苗」と呼び、低いところに住んでいる「平地苗」を「花苗」とも呼ぶ。龍船祭りをする川沿いに住む苗族の女性は長いスカートをはく習慣があり、台江、黄平、雷山苗などである。山に住む苗の女性は短いスカートをはく習慣があり、舟溪苗はその一部族である。花模様の衣服を好んで着る「花苗」は、貴州省の西方に多く住み、青色の衣服を好んで着る「青苗」は、貴陽の南と東に多く、西の一部にも住んでいる。とにかく、苗族は、女の衣服によって部族の区別がつき、男よりも女のほうがよく働くそうである。

苗族は、日本人と同じ八百万《やおよろず》の神を信じる多神教で、なんでもかんでも神にするが、祖霊信仰でもある。彼らは、神は天にいると信じている。また、先祖の霊は、天や山の頂上にいるという。祖霊は天に行くことができるとも信じている。彼らは、自分たちは東（福建省や江西省）から来たので、先祖の霊は東の山の頂上にいるともいう。

苗族は糯米をおこわや餅にして好んで食べるが、たくさんの種類がある。①白糯米、②赤糯米、③紫糯米、④脂糯米（香り糯米）、⑤細糯米などである。

明日訪れる旁海は、凱里から北へ三五キロにあり、標高五〇〇メートルで清水江のほとりにある人口三〇〇〇人の村で、村人の九九・五パーセントはミャオ(苗)である。凱里は苗語で「カイユー」と発音し、旁海は「パッハー」と発音する。漢語では「パンハイ」、日本人の私は「ホーカイ」と読んだ。なんでも水のほとりという意味だそうだ。

二人の楊さんは、午後一一時まで私の部屋にいて、李さんの通訳でいろいろなことを教えてくれた。そして「旁海での取材がうまくいくよう手配しますのでご安心ください」と、本当に素朴で楽しげな表情をし、私の手を握ってから部屋を出ていった。

四　先祖代々の味「オーショ」

どういう訳か、昨夜はよく眠れなかった。少し蒸し暑かったせいか、遅くまでメモを整理して興奮気味であったからかもしれない。

今日は九月四日の日曜日。八時半に凱里を出発した。貴州省に来てから初めての快晴で、周囲の山々がはっきり見えた。やはり貴州省は山国であると改めて思わされるほど、山ばかりである。

行く途中に棚田があり、稲を刈っていたり、大きな木製の箱に稲ワラを持って叩きつけるというたいへん原始的な脱穀風景を見かけたので撮影した。

凱里から山の尾根を北東へ三五キロ走ると、大きな谷間の清水江沿いに旁海村があり、黄金色の稲穂が一面に波打っていた。すでに大河の片鱗を見せる清水江は、やがて鎮遠のほうから流れてくる㵲陽河と合流し、沅《ユワン》江となって湖南省の洞庭湖に流れ込む。

旁海には一一時に着いた。車の道は村まで通じてはいなかったので、最後に五〇〇メートルほど歩いた。

豊年祭は三日間であるが、祭り前日の今日は自由市場の開く日で、旁海村の人口は三〇〇〇人だが、なんと一万人もの苗族が集まって、大きな市場が開かれており、通りはすべて人で埋まっていた。

苗族の人びとは、一〇キロも二〇キロも遠くから重い荷物を担いで市場である赶場に集う。彼らにとって赶場は社交場、情報交換場、買物をする場所、娯楽場であり、古代から変わりない雰囲気で、二〇世紀とは思えない光景である。

野菜、果物や肉類、川の魚類は言うに及ばず、酒、たばこ、竹や木の家具、鉄器、陶器、衣類、雑貨類、食品類、できたてのまだ温かい豆腐、こんにゃく、ビーフン料理の店、そして日本と同じような、蓑、笠、草履など、ありとあらゆるものが売られている。

苗族の脱穀作業

旁海苗の言葉で「トーセ」は「ありがとう」、「アートセ」は「どういたしまして」を意味する。市場の喧騒の中でよく耳にした言葉で自然に覚える。初めは意味がわからなかったが、なんとなく心地よい響きについつられ、いつのまにかまねて使っていた。

旁海区の役所で副区長のポーさんに会った。彼の部屋で村人たちに紹介された。ポーさんは、私に協力してくれるよう村人たちにお願いしてくれた。村人は彼のことをアポーと読んだ。彼の名は宝金（ポーチン）で、アポーの「ア」は、敬称で「さん」の意味である。彼はポーという名前で、後のチンは父親の名だという。

私たちは村を歩き、再び市場へ行った。革命以前は物々交換であったが、今はお金で売り買いしている。川の岸辺には一〇〇艘以上の船がもやっている。

昼食は村の雷応忠さん（七〇歳）の家に呼ばれて苗料理を食べる。私たちのほかにも苗族のお客があり、十数名が土間の食台に向かい合って座っている。外国人は私一人だが、彼らは気にすることなく騒がしく酒を飲み、料理を食べている。

料理は鯉こくと野菜料理が三種類と野菜スープ。おもな味つけは塩と唐辛子だが、隠し味のすっぱさが口に残る。たずねると「オーショ」と呼ばれる酸味のある汁を利用していた。

オーショは、米のとぎ汁を三〜四〇度に温め、冷えるのを待って、壷の中の古いオーショに注ぎ込んで自然発酵させたもので、苗族の料理にはなくてはならない調味料である。

ほかに「ニシヤ」と呼ばれる、日本の琵琶湖沿岸地方で食べられる鮒ずしと同じものをつくるときにもオーショを使う。一五〜六センチに成長した鯉または鮒を、内臓を切り出してよく洗い、糯（もち）または粳（うるち）の飯で包んで壷に重ねて入れた後、オーショを注ぎ込む。一ヵ月もすると発酵し、酸味のある、保存食としてのニシヤができる。一年間は保存できるが、五ヵ月目くらいが食べごろである。

苗族には、日本の酢や漢民族の醋に相当するものはなく、このオーショを先祖代々壷に入れ、次々に足し加えて保存し続け、煮物料理などに使用する。

彼らはよく酒を飲む。祭りには遠くから親族が訪れる。客にはまずおちょこで二杯酒を飲ませる。これは、二本足で歩いてきてくれたことへの感謝の表現だという。次に、若鶏の料理を、主婦が箸でつまんで主客の口に入れてやると、これが宴が始まる合図となり、みんなが食べ始める。

主婦は歓迎の歌を歌いながら、客に料理や米の焼酎をすすめる。

「遠くから来たお客様、ようこそいらっしゃいました。歓迎いたします。食べ物は少ないですが、どうぞ食べてください。お酒も飲んでください。」(福建省寧徳市南山地方の畲族とほぼ同じ歌)

ときには、食べることや飲むことを強いる。苗の習慣で、お互いに二人または三人で飲ませ合う。ほかでは見られない風景だ。酔っぱらってくると、食べるよりも飲んで、手を取り合って歌う。なんとなく、日本の田舎の宴会に相通じる光景だ。

家の屋根は革命以前はすべて茅葺きであったが、一九五五年頃からは瓦である。家の大黒柱のような柱に「クーパン」と呼ばれる、穀霊を祭るときにかける白い紙のごへいがかかっている。そこにはアヒルの羽根もあり、紙に米を包んでかけてあることもある。旧暦三月の田植え前に、毎年新しいクーパンをかけ換える。穀霊を祭って食物を守るための年中行事だという。

私は、昼食後、雷さんの孫娘スパオさん（一六歳）に盛装してもらって撮影した。家の前の庭では脱穀した籾を乾かしていた。その後、ほろ酔い気分で、再び村を見て歩いた。

旁海地方では、旧暦一月、三月、七月の三回だけ笙を吹く。一月十五日の小正月に農事事始めとして、翌十六日は豊年祈願として吹く。三月は田植え前に豊作を予祝して吹く。田植えは四月初旬の卯の日から四〇日以内に終わらせる。田植えから七月の第一または第二の卯の日の「新嘗祭」までは、不作になるということで笙を吹くことは厳禁されている。そして、旧暦七月最後の卯の日までに稲を刈って、豊年を祝うための芦笙節がある。この辺では芦笙節を「フーキ」と呼ぶ。

芦笙は、神である祖霊神に祈りを捧げる合図のようなもので、より大きな音が望まれて大型化したといわれている。革命以前は、芦笙頭がまず芦笙堂に入って祈り、芦笙を吹いてから村人が吹くことを許された。しかし、今では儀式は重視されていない。

赶場は二時頃から四時頃までがもっともにぎわった。四時半になるとすでに引き上げる人もいて、やや活気がなくなった。しかし、まだ人出は多い。明日の芦笙節本番の芦笙吹きを見るために、近隣や遠くから親戚、友人、知人などが泊まり込みで来ているので、村の人口はいつもの二〜三倍になっている。

私たちは五時前に村を引き上げ、凱里に向かった。途中、山道を歩いて帰るたくさんの苗族の女たちを見かけた。彼女たちは、市場で物を売り、そして必要な物を買って天秤棒でかついでいる。商いをして家路に急ぐ苗族の女たちの姿は、大地と共に生きる母親の強さを象徴しているようだ。

五　踊り子たちの見栄

五日の午前中は、凱里から約二〇キロ南西の舟溪苗のフィンショ村を訪れ、村人たちから聞き書きをした。昼食後、再び旁海に向かった。

清水江のほとりにある旁海村は、もともと交易の場であったので、川を道として船で上り下りする人びとの娯楽や社交の場でもあった。だから、十数ヵ村の村が集い、いろいろな村人のグループが笙を吹く習わしになっており、凱里地方ではもっとも大きな芦笙節で、毎年数万人が集う。

村には人が少なかったが、対岸にある清水江の川原には一万人もの苗族が集まっていた。私はニヤンと呼ばれる川船で対岸に渡る。群衆の中にいくつもの輪ができ、男たちが大小五本一組になって芦笙を吹く。若い人は小型の芦笙を踊るように活発に吹き、壮年者は大型の高さ三メートルもある芦笙を低音で吹き、ゆっくりと足を弾ませ、若い人たちの音頭をとる。

五音階の芦笙の音は、たいへん単調でのどかなようだが、一時間も二時間も聴き続けると、精霊に全身が揺すられているような陶酔感につかる。昼間は暑いので、夕方五時頃から吹き始め、夜を徹して続けられると聞いていたので三時過ぎに来たが、すでに始まっていた。

芦笙節の日、娘たちは昼前から落ち着きがない。母親や祖母も、娘のいる一家の女たちは、あ

銀製の装飾品で着飾った娘たち

ちこちの家を訪れて談笑する。自分の娘や孫が、どのくらい着飾ることができるかを心配して他家の様子を見にいくのだと、村の女性が話してくれた。

午後二時頃から、川原に人が集まり始めたそうだが、四時頃にはすでに一万人を越した。着飾った娘たちが、いろいろな村からやってきて、数人または七、八人が連れ立っている。

なかには母親に付き添われて、現地で装飾品を身につける一二～三歳の娘もいる。どちらを向いても、少なくて五キロ、重いと一五キロくらいにもなる銀の装飾品を身につけて、はなやかさを競うかのように誇らしげな表情の娘たちが練り歩く姿が見られる。

ちなみに値段をたずねると、銀製の帯が二三〇元、大きな首飾りが二七〇元、刺繍した上着が一五〇元、襞の多い特製スカートが一〇〇元。合計七五〇元であるが、大半が数個の首飾りをしているし、帽子飾りもあるので約一〇〇〇〇元だ。当時の一ヵ月の給料が三五元（四五〇〇円）だから、二八ヵ月分の給料にあたる。

娘たちが銀製品で着飾るのは、元気な働き者で家が豊かだという証明で、よりよい男から求婚されるからだという。これらの装飾品は結婚するとき持参する。しかし、結婚後はほとんど身につけることはなく、すべて娘に譲ってしまう。なんといっても豊年祭りの主役は女たちで、とくに娘は、まるで結婚相手を求めるための見栄の張り合いのように着飾っている。

男たちは、豊年を感謝し、全身汗にまみれて芦笙を吹き続け、最高に着飾った娘たちは、まるでお姫様のようにしとやかに、左回りにゆっくり踊る。たくさんの人びとの注視の下、芦笙の音に浮かれた神々とともに踊っているかのような、着飾った娘たちの満ち足りた表情が美しい。

苗族には、稲に関するいろいろな祭りがある。その中でも珍しいのが、雷山地方で、一三年ごとの卯の年の旧暦九月の卯の日に行なわれる「吃牯臓《ツーグザ》」と呼ばれる銅鼓祭である。

旧暦九月の卯の日の収穫感謝祭のとき、一三年に一回だけ、山の鍾乳洞の中に安置している銅鼓を、この祭りの司祭者である鼓蔵頭が、村の若者を同行して取りにいく。持ち帰った銅鼓は、村の中央につくられた台座に安置される。

村ではたくさんの家畜を生贄にし、肉や内臓を料理して米とともに銅鼓に供える。そして、神であり神器である銅鼓の周りで村人たちが歌い踊り、笙を吹く。もちろん料理や飯を食べ、酒も飲む。

「ツークザ」と呼ばれる銅鼓祭は、村人が飲んで食べ歌って踊って大騒ぎをし、神器である銅鼓に収穫を感謝する。この祭りを仕切るのが鼓蔵頭である。このほか、芦笙節を仕切る者は芦笙頭、田植えのとき、最初に茅と一緒に苗を数本植えて田植えを仕切る者は「活路頭」と呼ばれる。苗族は、田植えの植え始めの儀式に茅と稲を一緒に植える。これは稲が茅のように強く育つようにとの願いからである。とくに雷山地方では、活路頭が田圃の真ん中にまず茅を三～五本植え、その周囲に稲と茅を一緒に植える。これを「活路」と呼ぶ。こうしてから田植えすると、苗が茅のように強く育つといわれる。

私は午後七時過ぎまで川原にいた。帰路、途中で暗くなり、凱里の招待所に着いたのは九時近かった。

六　江南地方からの移住

今日の貴州省に住んでいる少数民族の苗、侗、布衣族などは、五～六〇年前までの日本に類似する風習や稲作文化、食文化をもっている。そのため、貴州省を訪れる日本人の多くが、日本の稲作文化の古里であるかのような錯覚におちいるほどである。しかし、彼らの祖先は、もともとその地に住んでいたのではなく、江南地方からの移住者なのである。

貴州省の稲作文化の大半が、江南地方を大故郷とするものであることについては、彼ら非漢民族系の人びとの先祖が江南地方から移住した歴史を遡ってみなければ理解することはできない。日本的な自然環境と、定住稲作農耕民族的な和を重要視する母系的社会環境の江南地方へ、乾燥地帯で冷涼な地域に住み、遊牧民的な戦闘力を重要視する父系的漢民族が紀元前三世紀末頃から侵入してきた。

都市や平地の人びとは、やがて漢民族に同化し、稲作文化と牧畜的麦作文化の混和をはかりながら、混血することによって、土着性の強い江南漢民族文化を形成していく。これまで多くの侵略国家が経験してきたように、支配者の数が少ない場合、政治的にいかなる権力を駆使しても、三代目になると生活文化が土着化する。そのため、江南地方にはやがて稲作文化を基本にした

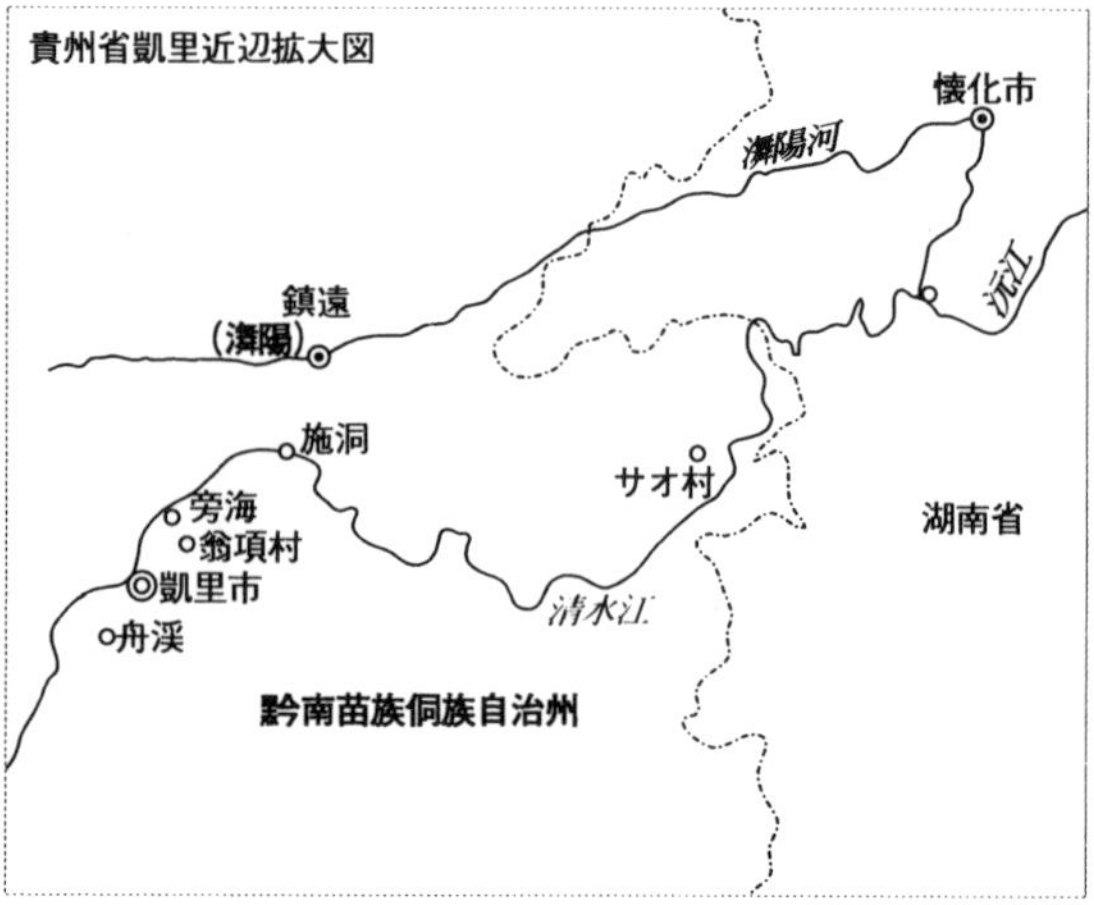

混血漢民族文化、すなわち父系的稲作農耕文化ができあがる。

しかし、山間部や僻地、または最後まで漢民族化しなかった人びとは、独自の母系的文化を保持し続けた。そして、紀元一二世紀の南宗時代から紀元一四世紀中頃の明朝時代にかけて、江南地方で多くの戦争があって、非漢民族たちは逃亡や移住を繰り返した。その彼らの多くが、湖南省を通って、徐々に貴州省の山岳地帯へ逃げ込んだ。

彼らは最後まで江南地方独自の文化を守り通し、今日、混血漢民族から少数民族と呼ばれるに至った。現在貴州省に住む少数民族の大半の先祖は、稲作文化の古里である江南地方を追われたり、逃亡したり、強制移住させられた人びとである。

貴州省の鎮遠周辺に住む苗族の先祖たちは、一二世紀頃まで江西省に住んでいたという。やがて、湖南省の洞庭湖近くに移住した。そして、紀元一二七五年、南宗時代末の徳祐元の頃、洞庭湖周辺で起こったモンゴル族の元軍との大きな戦争に参加した。しかし、苗族は大敗し、南へ移住しようとして、洞庭湖から船で沅《ユワン》江を遡った。沅江沿いに一時定住したが、再び戦争が起こり、破れた苗族はさらに沅江沿いの南へ敗走した。沅江を遡る途中、湘南省の黔城で川が㵲陽河と清水江に分かれていたので、同行の苗族は二手に分かれた。

鎮遠苗族は㵲陽河を遡った人びとの末裔で、凱里周辺の苗族は清水江を遡った人びとの末裔である。五〇〇年前の鎮遠は原始林に覆われ、人は住んでいなかったという。

ところが、明代末の一五〇〇年頃、再びこのあたりを巻き込む「野羊塘大戦」と呼ばれる明朝との戦いがあって破れた。貴州省の苗族は、明朝政府に鎮圧され、多くの人びとが再びより高い山奥へと逃げていった。

貴州省黔東南苗族侗族自治州の鎮遠の苗族から聞き書きした民族の移動史は以上のようだが、ほかの資料によると、多くの苗族が、明朝時代に江西省や湖南省から強制移住させられてもいた。

一三六七年に、モンゴル族の「元」の国を滅ぼして、「明」を建国した李元璋は、洪武帝となり、南京を首都として内地外征の政策をとった。

彼は、中国全土を征服するために、北の民族をもって、南の民族を征服する政策を実行した。当時の北は、浙江と江西省を中心とする江南地方を意味した。その具体策が、調北征南と調北塡南の二政策であった。

調北征南とは、北の軍隊を派遣して、南の民族を征服することであり、調北塡南とは、北の民衆を南に移住させることであった。

こうした政策の実施によって、浙江・江西省を中心とする江南地方から、多くの非漢民族の人びとが、軍隊に同行、または強制移住させられて、貴州や雲南省の南へ移動させられた。その末裔たちが、今日の少数民族の大半をなしている。

このように、雲貴高原に現在住んでいる少数民族の多くが、明朝時代の紀元一四世紀から一六世紀にかけて、政治的、民族的、文化的圧力によって、稲作文化の古里である江南地方から南へ移住させられた人びとの末裔なのである。

明朝時代、湖南省の苗族の多くは貴州省や雲南省へ移住させられたが、黔東南へは湖南省の洞庭湖からの移住者が多く、その末裔たちは今日の黎平、榕江、従江などに住んでいる。

苗族の先祖たちは、江南の地で紀元前から漢民族に勝るとも劣らない文化をもち、定住社会を営んでいた。稲作農耕文化を中心とする社会生活は、母系社会的で、遊牧民社会的な戦闘力をもってはいなかった。不幸にも、騎馬民的な正規軍を常備した漢民族との長い戦いに負け、今や貴州の山奥に住まわざるを得ない状態になっている。

彼らの稲作文化は、江南地方を源流とするものである。今日、雲貴高原は言うに及ばず、タイやミャンマー（ビルマ）の北部、ラオス、ベトナム北部に至る広範囲の山岳地帯に苗族が生活している。

私は、タイ北部、ベトナム北部の山岳に住む苗族の村を訪れたことがある。彼らは、ただ「私たちは北から移住してきた」としか言わなかった。それは、雲南地方を指していた。しかし、アッサムやタイ、ミャンマーのほうから雲貴高原への民族の移動があったという歴史上の記録はなく、そのような民族に会ったことも聞いたこともないし、伝説や民話もなかった。

七　祖霊を祀る苗族の女たち

1　苗族の稲作起源伝説

中国貴州省凱里県に住む苗族に、新米を食べる祭り「新嘗祭」がある。日本の皇室行事と同じ新嘗祭が、貴州省の山里の人びとが行なっていることにたいへんな驚きとふしぎなつながりがあるような気がした。凱里地方の苗族の先祖たちは、今から五〜六〇〇年前の明朝時代の初期か、それ以前に江南地方（江西省）から移住してきた、越系民族の末裔である。

日本列島への稲作文化のおもな渡来は、紀元前四〜五世紀頃から三世紀末にかけて、江南地方に住んでいた越系稲作農耕民の渡来によってなされたものと思われている。これは、江南地方の呉や越、楚の国が滅び、漢民族が侵入してきた頃である。

もしかすると、日本の皇室が行なう新嘗祭と、貴州省の苗族の行なう新嘗祭は、二千数百年も前には、江南地方で同じ目的、方法で行なわれていたのではあるまいか。とすると、皇室の新嘗祭の起こりが、苗族の新嘗祭によって少しは解明できるのではないだろうか。

私はそんな思いにかられ、再び貴州省へ旅立つことにした。一九九〇年八月二十八日、羽田空港を飛び立ち、大阪、上海を経由して、貴陽には夜着いた。空港で迎えてくれたのは、石春女さん（二三歳）。彼女は朝鮮系中国人で、吉林省出身。私の宿泊先は貴陽の町中にある金流大酒店と漢字で大書した英語名プラザ・ホテルである。

翌二十九日は晴れていた。朝九時にホテルを出て、東の凱里に向かった。午後二時に新しくできた凱里賓館に着いた。ここで、地元の通訳兼案内人の熊邦東さん（二五歳）が迎えてくれた。彼にまず来訪の目的を告げ、新米を食べる祭りを最初から最後まで見られるようにお願いした。彼は日本語がよくわかり、反応が早かった。

「わかりました。最善を尽くします」

彼は緊張した表情で言った。そしてまもなく、「私は熊ですから『くま』と呼んでください」と笑った。

私たちは、午後四時から一四キロ東北の翁項村へ行った。熊さんが、新嘗祭を見るために選んでくれた村である。

凱里県翁項郡翁項寨は、大きな山に続く尾根の一つにあった。標高七〇〇メートルの南斜面にある村は、約四〇軒、三〇〇人が住んでいる。村の下のほうに水稲の棚田があり、すでに稲穂は色づき、たいへん美しい幾何学模様の斜面が一幅の絵のようだ。

私たちは村の中を歩いた。そして、熊さんが息子さんと顔見知りであるという、ヤン・ウージさん（五九歳）の家を訪ねた。息子のパン・ポンさんはいなかった。しかし、ヤン・ウージさん

山の南斜面に広がる翁項村

は気持ちよく迎えてくれ、いろいろな質問にも気軽に答えてくれた。なによりも、明日の新米を食べる祭り「ノゥモー」に招待してくださることになり、朝九時頃から始めることも教えてくれた。そして、村の中で物事をいちばんよく知っている六八歳のパン・ツオンミンさんのところへも案内してくれた。

パン・ツオンミン老人は、村のことをよく知っていた。彼はまず、我々の先祖は、江西省を出て、湖南省を経てこの地にやってきたと言った。この地域でいちばん古い家系は一八代続いている。この翁項村では九代目がいちばん古く、彼の家は彼が六代目だという。

彼が祖父から教えられたという「稲作起源の伝説」は、次のような内容であった。

「地上にはもともと稲はありませんでした。そこで、人びとは相談して、天界の稲の種籾をもらえるようにと、犬を遣わしました。

ところが、天神はなかなか許可してくれませんでした。そこで、犬は、稲穂のある田圃の中に入ってごろごろ転がり、尻尾の毛に数粒の籾をつけました。そして、神の許しも得ず、そのまま地上に戻ってきました。

人びとは、犬の尻尾の毛についた籾をとって大地に蒔き、やっと稲を栽培することができるようになりました」

この伝説は、この後、私が江西省樟樹市の村で、農民たちから聞いた次のような伝説とほぼ同じ内容である。

「昔々、天界に全身に籾をつけた神の犬がいました。その犬が地上にやってくる途中、川を泳いで渡りました。犬についていた籾は川の流れにほとんど流されてしまいましたが、尾を立てて泳いだので、先端にただ一粒の籾が残っていました。

地上の人びとは、その一粒の籾を犬からいただいて大地に蒔きました。それ以来、人びとは稲を栽培することができるようになりました」

樟樹市上湖村の胡樹根さん（六六歳）の話である。

広西壮族自治区融水県の苗族には、古事記の伊耶那岐と伊耶那美の子である「天照大御神」と「須佐之男命」に類似する姉弟二神による稲作起源伝説もある。

「天に姉弟二人の神様がいました。

ある日、姉は弟に言いました。

先祖が江西省から移住してきたことを記した石碑

『地上に降りて人間と一緒に生活し、ともに働いて彼らを治めなさい』

弟は姉の指示を受けて地上に降り、人間とともに暮らしながらよく働きました。しかし、稲がなく、他の穀物も十分ではなかったので、いつも食物に困っていました。

そこで、弟は天に戻って姉に告げました。

『地上には稲がなく、食物に困っております』

『なにも困ることはありません。春になったら、私が稲の種を天から蒔いてあげますので、地上に戻って大地をよく耕して待っていなさい』

姉はそう言って、弟を再び地上に帰しました。

弟は地上に戻ると、人間と一緒に大地を耕しました。そして春になると、大地に籾が芽を出し、稲が成長しました。秋にはたくさんの米を収穫することができました。

それ以来、人びとは稲を栽培し続けているのです」

これらは江南地方の母系的稲作農耕民に語り伝えられている稲作起源の伝説である。

パン・ツオンミンさんは、私たちを村の上のほうの丘に案内してくれた。そこには小さな池があり、そのほとりに石碑が一つ建っていた。それによると、彼らの先祖は、明朝時代初期に江西省南昌近くの村から移住してきたと記してあった。私が訪れた南昌の南一〇〇キロにある樟樹市上湖村の胡老人が語った、「昔、このあたりには『シュウ』と呼ばれる民族が住んでいたが、彼らはどこかへ行ってしまった」という内容と一致する。もしかすると、この翁項郷の人びとは、上湖村から移住してきた人びとではなかったのだろうか。

2 祖霊に稲穂を供えるいわれ

私は、老人に村を案内されながら、村人たちに質問を繰り返した。幼児を抱いている若い母親にお願いして、お尻を見せてもらった。幼児のお尻は青く、「蒙古斑」があった。

「ホンカンだよ。青尻だ」

老人は笑いながら言ったが、まだ娘のように若い母親は目を見開いて驚きの表情をした。漢語を話す彼女は、苗語で蒙古斑を「ホンカン」ということを知らなかった。

再びパン・ツオンミンさんの家に戻り、「ノゥモー」についてたずねた。

苗族の「ノゥモー」と呼ばれる新嘗祭は、旧暦七月の卯の日から一三日間続き、第二の卯の日に終わる。しかし、実際には三日間だけである。今年は、旧暦七月十一日が第一の卯の日で、新暦では八月三十日であった。

青尻（蒙古班）をもつ子ども

一日目の卯の日は、稲田から新しい稲穂をとってきて、神棚に飾り、その新米を家族が祖霊神とともに食べる。新嘗の儀式の日である。二日目の龍の日は、闘牛を観て楽しむ娯楽の日である。三日目の巳の日は、村の男たちが芦笙を吹いて祖霊神に感謝し、若い男女は集団見合いや恋愛をする日だ。その後は特別なこともなく、最終日の第二の卯の日に、豚、鶏、魚で簡単に料理し、家族がご馳走を食べる。これは、稲の収穫を祝う「稲祭り」と、先祖の霊を敬う「魂祭り」が一緒になった祭りである。

苗語の「ノゥモー」は、「ノンモー」とも発音されるが、「ノゥ」も「ノン」も食べるという意味であり、「モー」は十二支の四番目「卯」のことであるので、「卯を食べる」となるのだが、正確には「ノゥモーケーキー」だ。「ケー」は米で、「キー」は新しい意味であり、「卯の日に新米を食べる」ことで、「新嘗祭」を意味する。

この地方の苗族は、旧暦四月の第一卯の日から四〇日以内に田植えをし、七月に収穫する。だから、ノゥモーの頃は収穫期前の農閑期であり、貯蔵米がなくなるときである。しかし、これ以前に稲を刈り取ってはいけないという。

その理由をたずねると、彼は次のように説明してくれた。

「私たちのすべては先祖が伝えてくれたものだ。新しい米ができれば、まず先祖に感謝してシャンホ（神棚）に供え、食べてもらわなければ収穫することはできない。もし、それをせずに稲を刈り取ったら、家族に不幸が訪れ、来年は不作になる」

翁項村の長老パン・ツオミン老人

苗語で十二支を呼ぶとき、「卯」以外は「人」を意味する「ダイ」を頭につける。なぜ卯だけはつかないかをたずねた。

「モーだけは形がないからだよ」

パン・ツオンミン老人がいともたやすく答えてくれた。

日本の皇室の新嘗祭も卯の日である。苗族は、新嘗祭を家族ごとにするが、日本では皇室だけだ。

シャンホ（神棚）に供える稲穂は、翌年まで保存しなければならないので、種籾にもなる。ノウモーは、稲穂を先祖に供えて種籾として保存してもらう儀式でもある。

3 新米を食べる「新嘗祭」の起こり

天皇が即位後、初めて行なう新嘗祭を「大嘗祭」という。新穀を天照大御神および天神、地祇に供え、自らも食する大礼で、最高の神事とされている。大嘗祭を行なわないと、正式には天皇と認められないともいわれている。この儀式には、あらかじめ事情を調べて決定された東の「悠《ユ》紀《キ》」、西の「主基《スキ》」と呼ばれる両地方の田からの新穀が用いられることになっている。これは、両地方から種籾が奉納されたことを意味すると同時に、両地方と親族関係、親子関係になることなのだ。

天皇家は、奈良、京都を中心に、大嘗祭ごとに日本列島の東西の田から新穀を奉納させることによって、各地の豪族と親子関係を結び、一つの家族になる雄大な計画を立てたのだろうか。

苗族にとっての新嘗祭は、種籾保存と先祖崇拝のための、一家族ごとの儀式である。

天皇は、毎年春に田植えをし、秋に稲を収穫した後、新嘗の儀式を執り行なってきた。日本中に種籾がなくなっても、皇室だけにはある。皇室にはなくてはならないのである。日本民族は、自分たちの種籾を守るために、一家の長として天皇を守り続けてきたのかもしれない。

私たちにとって食料ほど重要なものはない。権力や権威やお金は、社会環境の変化や時代の流れとともにその価値が変化するが、食料の価値だけは永遠に変化することはない。

食料は肉体の糧であるが、精神、魂の糧になることはごくまれである。しかし、日本人や苗族にとっては米が魂の糧にもなっている。とくに日本人にとっての米は、食糧であると同時に文化でもある。私たち日本民族が、稲、米を共通の文化として日本列島で暮らす限り、種籾の保存者は必要なのかもしれない。その道理を「共通の善」とすることが日本民族のアイデンティティだともいえる。

凱里県の「ノゥモー」は七月第一の卯の日と決まっているので、貴州省ではこの祭りを「七月半」と呼んでいる。しかし、同じ苗族でも、七月の第二の卯の日に行なう村もあり、湖南省や広西壮族自治区などの低地では、六月の卯の日に新嘗祭（嘗新節《サーシンジェ》）を行なっている。これは、自然環境によって稲の生育が異なり、翁項は、旧暦三月末から四月初めに田植えをし、七月末から八月初めに収穫するためである。

日本の新嘗祭は皇室行事で、十一月二十三日に宮中で行なわれる新穀感謝の祭りである。新穀を天神地祇に供え、天皇も新穀を食べる。宮中では一年の諸祭儀の中で最大の祭りとされている。これは民間の稲の収穫祭、秋祭りにあたる。

北半球の宿命として、太陽が南へ遠ざかり夜がいちばん長くて寒い冬至がある。その頃、稲は籾となって休眠期に入る。古代の日本の稲作農耕民たちは、稲の活力が弱まり、再生能力のなくなることを恐れ、冬至近くの十一月中の卯の日に、先祖の霊とともに収穫を感謝し、穀霊に活力を注ぎ込むための祭りをした。それが新嘗祭の起こりだとされている。

「食物のありがたさを知っている者こそ、自然を恐れ、愛しみ、尊ぶ」

食物のない苦しみをいやというほど味わってきた苗族の末裔、パン・ツオンミン老人の言葉だ。

民族間の多くの戦いで江南の地を追われ、移住を繰り返して貴州省の山里に落ち着くまで、何百年間も食物の十分でなかった苦しみを経験した人びとにとって、食物があることこそありがたく、楽しく、安心できることであったのだろう。その原点が種籾なのだ。

自然の営みの中でしか生きることのできない私たちの先祖は、自然の偉大さ、怖さ、豊かさを全身に感じてきた。今もその自然の偉大な営みこそ、私たちの心を和ませ感謝と畏怖の念を駆り立てる。

いつの時代も、私たちはその恵みを享受するために工夫と努力をしてきた。その経過を、食べ物を手にし、口にする喜びとともに考える人びとは、先祖たちが営々と続けてきた努力の結果による恵みを感じ、自然に感謝の気持ちがこみあげてくるのだろう。

「先祖が生み出してくれた肉体は、死後、自然の土に還るが、魂は子孫に伝わるので、子孫が続く限り永遠だ」

パン・ツオンミン老人が言う「永遠の真実」とは、子孫とともに生きることである。そのためには、まず自然の恵みである食料が必要なのだ。

その食料としてもっとも好ましいのが、彼らにとっては「米」である。その米を自然の恵み、先祖の知恵として生きてきたのが、越系稲作農耕民、苗族だ。

彼らにとって、自然と先祖はほぼ同じである。自然なる先祖の霊は、まさしく神なのだ。だから、毎年、新しい米を収穫したら、まず先祖霊に供えて新嘗の祭りをする。

苗族にとっての新嘗祭は宗教行事ではなく、自然とともに生きる稲作農耕民の生活文化としての儀式や習慣だ。それをなくしては、生きがいや労働の喜びや価値観を失ってしまう。

パン・ツオンミン老人は学校に通ったことはなかったが、通訳二人を介して苗族としての彼の気持ちを聞けたことはうれしかった。

4　ヤン・ウージさんの新嘗祭

八月三十日（旧七月十一日）の朝九時前に、前日約束しておいた翁項村のヤン・ウージさん（五九歳）の家を訪れた。

家は中二階建ての木造家屋で、日本の家に似ている。以前の屋根はみな藁葺きであったが、今は瓦になっている。彼女は三十数年前にパン家に嫁ぎ、二男二女の母親だが、五年前に夫を亡くし、今では家長的な存在である。私たちは、彼女の行なう「ノゥモー」の儀式を見せてもらうことにしていた。

彼女は、九時一〇分頃、三歳の孫を背負って家を出た。稲穂を取りにいくというのでついていく。

「何時頃、どの田で、何本の穂を取るかは決まっていません」

彼女は質問に答えてくれ、老若男女誰が取りに行ってもよいとも言った。

彼女は一〇分ほど坂道を下って、自分の好きな田にいき、孫と一緒に九本抜き取った。

一〇時前に家に戻ると、まず、その稲穂に水をかけて洗った。そして、二本ずつ結んで、「シャンホ」と呼ばれる神棚にかけた。

苗族の家には、入口を入った突き当たりの壁に、幅一五センチ、長さ五～六〇センチの板をとりつけた神棚がある。他にもう一つ、家の外または同じ部屋の入口近くに、幅七センチ、長さ一五センチほどの小さな棚がある。いずれも「シャンホ」であるが、大きいほうは祖霊神が戻ってくる棚であり、小さいほうは祖霊神になれなかった者の霊が戻る棚である。

「孫がいる六〇歳以上の人が死ぬと、男でも女でも神になれますが、四〇歳以下または、家の外で死んだ者は、祖霊神になることはできないのです」

ヤン・ウージさん

昨夕、村のパン・ツオンミン老人が教えてくれた。ヤン・ウージさんは、大きなシャンホに四本、小さなほうに四本の穂をかけた。手を合わせたり祈ったりはせず、ごく簡単に、あっさりとかけた。そして、残った穂から籾を六粒取った。幾粒かは決まっていないが、彼女はそれらの籾殻を爪で剝がして玄米にし、朝、蒸しておいた白いおこわの上にパラパラと撒いた。おこわを箸で少し混ぜ、それを茶碗に入れ、私に食べるように勧めてくれた。自分も手でつかんで食べた。新しい玄米の入ったおこわはうまかった。

「以前は、新しい玄米を入れて蒸していましたが、今は、おこわの上に置くだけです」

彼女はおこわを食べながら、笑って言った。ただそれだけで、白いおこわを神棚に供えるようなことはしなかった。

一〇時過ぎから、お嫁にいっている長女、長男の嫁、次女、そして彼女の弟一人が一緒になって、忙しげに料理をつくり始めた。

料理は、豚肉と内臓、鶏肉と内臓、鯉、そして野菜を材料としたものである。牛肉は使っていない。苗族は「自分たちの先祖は鯉」だという。そして鯉料理を最高とする。

午後一時前には、シャンホの前のテーブルにたくさんの御馳走が並べられた。もちろん白いおこわもある。そして、二ヵ所のシャンホと入口に線香が立てられ、煙がスーッと立ち昇った。やがて、彼女は一人で、大きなシャンホの前に立ち、よく聞き取れない小さな声で、口をもぐもぐさせながらぶつぶつつぶやき、床に糯米でつくった甘酒と米の焼酎を少し注いだ。そして、先程

神棚の前で人びとの宴

のおこわと料理を少量ずつ落とした。

「先祖の皆さん、今年の米がとれましたのでどうぞお召し上がりください。今年もよい米ができ、家族も皆元気で、仕事がよくできました。来年も同じようによい米がとれますように、家族が健康で、よく働けますように」

彼女はこう言いながら供物を捧げたのだが、手を合わせることも、頭を下げることもしない。入口でも同じように供物を捧げたが、祈りはしなかった。小さなシャンホはなにもしない。

この後、一時過ぎから家族や親族で料理を食べた。彼女はおこわをすぐに食べたが、男たちは焼酎を飲んで、しばらく談笑した後に食べた。午後はずっと飲み、食い、談笑が続く。神棚の前でまさしく人神共食の宴「直会」である。

苗族は客好きで、女が飲み食いを勧めるのが上手だといわれるが、強引さもある。食物は箸で口の中に押し込み、酒は茶碗でしつこく飲ませる。酔いが回ってくると、二～三人で互いに飲ませ合う習慣がある。とにかく、飲み、食い、談じ、笑い、たいへんにぎやかな飲食会だ。そのふるまいは女たちによってなされる。男たちは女にふるまわれてベロンベロンになり、ふがいなく談笑することに時を過ごす。午後遅くなると他家の人もやってくるので、宴は夕方まで続く。

5 男たちの憂さ晴らし

「ノゥモー」の一日目が女のふるまいを中心とする儀式的なのに比べ、二日目の闘牛は、村の男たちが楽しむために行なわれる。

闘牛は、凱里から南西に一九キロの舟渓村で行なわれるのが最大規模だというので、それを観ることにした。

闘牛場は舟渓の川沿いの村で、人家は約二〇〇軒、一〇〇〇人くらいである。大きな谷間の稲作地帯、舟渓郷は四つの大きな村からなり、一万数千人いる。

日中は摂氏三五度もあるので、催しはすべて夕方の四時頃から始まるという。私たちは三時前に現場に着いた。水のない川原が闘牛場で、それに沿っている道にはすでにたくさんの出店が並んでいた。しかし、暑いせいか、牛も人もまだあまり出てきてはいなかった。

四時前から人が出始め、五時過ぎになると、なんと一万人もの人が集まり、水牛の大きな雄牛が三〇頭もやってきて、たいへんなにぎわいとなり、まるで大きな市場のようになった。人出は女よりもはるかに男が多い。

水牛は二五年くらい生きるそうだが、闘わせるのは雄の八歳から一八歳くらいの一〇年間。相手の牛は主人が体格、角の開き具合などを配慮して決める。たとえば、角幅が四〇センチ以上か以下かで決められる。これがなかなか決まらないので、間合いが長い。

川原が日陰になって涼しくなった五時四五分、やっと闘牛が始まった。一〇メートルも離れたところで男が牛の鼻づらをつかまえて二頭の牛を見合わせ、かけ声とともに手綱を放すと駆け足で近づくが、若い牛は接近しても様子をうかがうような表情ですぐには闘わない。しばらくして、男どもに尻を叩かれたり、石を投げつけられたりといろいろ闘うようにけしかけられて、やっと闘いが始まる。闘いに慣れた成牛は、駆け足で接近し、いきなり大きな角をぶつけ合って、「ガツン」と大きな音とともに闘う。

水牛は和牛などと比べ、身体が大きくおっとりしているので動きが鈍い。しかし、ひとたび闘い始めると、地球を角にかけて持ち上げるように、頭を低くし、たいへんな力で突き合い、押し合うのですさまじい様相になる。目を赤く充血させ、腹のペニス（普通は中に入って見えない）を十数センチも出して、後足を踏ん張り、大きな角をガクガクと音高くかみ合わせながら闘う。普通の水牛のイメージとは違って恐ろしい様相であり、動きが敏捷だ。村人たちは、牛の動きにつれて歓声や罵声を浴びせ、興奮の渦が巻く。

負けた牛は、頭を突き出し、角を後ろに倒し、尻尾を巻いて尻に帆を上げるかのように逃げ出す。勝った牛はしばらくそれを追いかけ回すが、なかにはあまり追わないのもいる。

なかなか勝負がつかず、両方の主人の話合いで引分けにすることもある。また、七〜八歳の若い牛は、負け癖をなくすためによく途中で止めさせることもある。そんなときには、両牛の一方の後足に大きなロープをかけ、四〜五人がかりで引き止める。

砂ぼこりをあげて闘う牛にあがる歓声

観客の数人に「ノゥモー」で闘牛をさせる理由をたずねたが、皆同じ答えが返った。

「我々が楽しむためだ」

男たちのうさばらしに行なわれる闘牛は、雄牛にとってはありがた迷惑なことである。しかし、いずれも動物の雄のなすことで、悲しい性なのかもしれない。

牛が勝っても高価な賞品がもらえるわけではない。ときには賭けて一五元くらいもらえることもある。耕作用の雄牛だが、この時期は農閑期でよく太っているし手入れも行き届いているので、なかなか立派だ。こんな雄牛は普通一〇〇〇元（約三万三〇〇〇円）だが、強い牛は二五〇〇元で買手がある。それに種牛としての価値が高くなる。

闘牛の好きな男が、趣味と実益を兼ねて飼牛を披露する晴れ舞台が闘牛場なのだ。村の男たちにとっては、昔から変わりない娯楽と社交場でもある。

6　娘たちの顔見せ

三日目の午後五時頃には、翁項村の三辻のようになった広場に翁項郷の村々から二〇〇〇人ほど集まった。そして、六時頃から芦笙吹きと踊りが始まった。

まず、五〜六メートルの長い大きな芦笙四本が四人の中年の男によって吹かれた。ブー、ヅー、ピー、ピャーなどの低音から中音までが同時に吹き鳴らされるので、たいへん複雑でふしぎな音色に感じられる。そして間もなく、若い男たちが短い一メートルくらいの芦笙を軽やかに吹き、その周囲で娘たちが踊り始めた。踊るのは、一二歳から一六歳くらいの未婚の女性だけである。娘は重さ五キロもの銀製の装飾品を身につけているので、動きが鈍く、ゆっくりとしか踊れない。他の青曼村から応援に来ている踊り子たちは装飾品が少なく、身軽ではあるが、やはりゆっくり踊っている。

「チキー」と呼ばれる芦笙は、竹の管を何本も立て並べてつくった竹製の楽器で、息を吹いたり吸ったりすることによって、いくつもある穴を指で開閉しながら複数の音を同時に出すことができる。日本の雅楽に使われる、竹の管を環状に立て並べて吹き鳴らす笙の笛の大型化したものだ。

苗族が祭りのときに芦笙を吹くようになった理由をたずねると、次のように村人たちが説明してくれた。

「昔々、村に歌の上手な美しい娘がいました。村の若い男たちは彼女を好いておりましたが、彼女は好きな男がなかなかできませんでした。ところが、山に住む鬼もその娘が大好きでした。ある日、その鬼が村にやってきて、娘を連れて山に逃げ込みました。両親からそのことを知らされた村の若者たちは、怒って山へ入っていきましたが、だれも鬼にかなう者はいませんでした。

村人が困っていますと、どこからともなく一人の若者がやってきました。村人から事情を聞いた若者は、一人で山へ入っていき、一週間鬼と戦い、ついにやっつけることができました。娘をぶじに連れ戻した若者は、名前も告げず、立ち去ってしまいました。ところが、娘がその若者をたいへん好きになり、忘れることができなくなりました。村人たちも彼に好感をもっていました。そこで、しばらくしてから、村の男たちが、彼に聞いてもらおうと、大きな芦笙をつくり、大きな音が出るように吹き鳴らしました。すると、その音につられるように、どこからともなくその若者がやってきました。その後、その若者は娘と結婚し、幸せに暮らしました。それ以来、ノゥモーに芦笙を吹くようになりました」

これは、日本にもある、山と里を去来する神様を信じる風習の名残ともいえるのであるが、芦笙を吹くのは、神様（センイェン）である祖霊神に聞かせるためである。村人たちは、雨乞いに

娘たちのはなやかな踊り

も芦笙を吹く。パン老人は「雨乞いをするために大きな芦笙を吹くようになった」とも言っていた。

「神様はどこにいるか知らないよ。しかし、たぶん山の上にいるだろう」

パン・ツオミン老人の言葉である。彼らは、祖父をテッカウ、祖母をデブーと呼ぶ。シャンホの神棚に向かって祈るとき、「テッカウ」「デブー」と呼びかけ、「センイェン」とは言わない。彼らの言葉では、神様とは祖父母の霊であり、先祖の霊のことである。

同じ苗族の中でも、舟渓地方では、正月以外に芦笙を吹くと、稲が倒れて収穫できなくなるともいわれている。一般的に苗族は、田植え後は新嘗祭まで笙を吹かない。吹くと祖霊神を怒らせて実が入らなくなるからだという。

翁項村では、大きな芦笙を中年の男たちが足をゆっくり斜めに前後させながら静かに吹き、小さな一メートルほどの芦笙を若者が軽やかに踊るように吹き、その周囲で娘たちが踊る。娘は着飾って晴れ舞台に立っているかのように誇らしげにゆっくり踊る。それは、これから結婚する娘たちが「私はこんなに成長しましたよ」と誇示するための、祖霊神たちへの一種の集団顔見せでもある。その娘たちを、他村からもやって来た多くの若者たちが目を皿のようにして見つめている。

男たちの奏でる芦笙の優雅でふしぎな音色に合わせて、暗くなるまで二時間あまりも踊り続ける娘たちの姿は、まるで里にやってきた祖霊神を宿す神子のようでもあった。これも、母系的稲作農耕民、苗族の伝統的な風習なのである。

八　侗《トン》族の風習

1　「鼓楼」のある村

貴州省の東端、黔東南苗族侗族自治州に、漢語で「肇興《ツァオシン》」、侗語で「サオ」と呼ばれる侗族の村がある。私は、九六年八月二十九日に、侗族の稲作文化を踏査するために訪れ、三日間滞在した。

サオ村は山々に囲まれ、平地には稲作の水田が広がり、山麓にも棚田が続いていた。村は標高四～五〇〇メートルで、谷間の川に沿った一本道に家が建ち並んでいる。家々は木造の二階建てで、屋根は一〇×一五センチほどの灰黒色の平板な瓦で覆われている。村には約八〇〇家族、四〇〇〇人が住んでいる。

侗族は、もともと長江（揚子江）下流域の江南地方に住んでいた非漢民族系の人びとで、稲作文化の社会を営んでいた。サオ村の人びとの先祖は、今から七〇〇年ほど前の南宋時代の終わり頃、漢民族に追われて江西省吉安市の辺りから約六〇〇キロ西方のこの地に移住してきた。越または楚の国の末裔で、江南地方の古い生活文化を今もとどめている。

サオ村は大家族制で、五つの房族に分かれている。そして共同生活組織の単位である房族ごとに、象徴的な楼閣、鼓楼がある。

鼓楼には必ず飲水源と花橋（飾橋）と劇場が付属する。村人たちは子どものときから劇を習い、毎年旧暦六月六日の祭りに、一一歳から三〇歳ぐらいまでの男女が「孫悟空」「水滸伝」「西遊記」などの劇を演じた。しかし、四年前頃からは、若者が上海や広東に出稼ぎにいくようになり、子どもたちもテレビを観るようになってしまい、劇を習って演じる人がいなくなって、開演できなくなっている。

村の中を流れる小川にかかる「チイユ」と呼ばれる屋根付きの花橋は木造で、両側に長い椅子がとりつけられ、画や木彫などの飾りが施されている。この橋は、朝から夕方まで村人たちの憩いの場、社交の場であり、子どもたちの遊び場でもあるが、夜は若者たちの出逢いの場、恋愛の場となる。

木造屋根付きの花橋

若者たちは、「ピパー」（三弦）や「ケイー」（二弦）と呼ばれる楽器を奏でながら即興で歌う。男女数人がかけあいで歌うことが多いが、お互いに気が合えば、二人だけで語れる場に行く。

村は房族ごとに「ムンナンチンスイ」と呼ばれる飲水用の井戸がある。それに「タム」と呼ばれる池があり、田植え後の田圃に放す鯉や鮒の稚魚を育てる。魚は、収穫直前まで約四ヵ月間水田に放たれる。

大きな鼓楼は村の象徴的な建物

房族ごとにある鼓楼は、必ず奇数層からなっている。小さいもので五層、大きいものは一三層で、高さ三〇メートルもある。

村の一三層の楼は、直径四〇センチほどの柱四本が中心で、その四方に直径三四センチほどの柱が一二本立つ。合計一六本の柱で大きな楼閣を支えている。

この鼓楼の下は、村人の集会場であるが、四本柱の中の床には、六角または円形に一〇センチほど窪地がつくられ、冬の寒いときにはここで火を燃やし、四本柱を囲んで歌い、踊る。

楼には梯子がついているが、子どもが登れないように、やや高いところからつけられている。上層には床があり、長い筒型の木太鼓が吊るしてある。この床に立つと周囲がよく見渡せるが、外からは見えない。

長さ二メートル、直径三〇センチの「コウン」と呼ばれるくり抜き太鼓は、両端に牛革を張ってあり、直径二センチ、長さ三〇センチほどの細長いばちで叩くと、トントンと澄んだ快音が響く。太鼓は、「集会」「敵襲」「長老の死」「火事」などを知らせるときに叩かれる。

村の象徴的な鼓楼は、「見張台」「警報台」「集会場」などの役割を果たす。その形は、奇数層の屋根のついた「櫓」で、日本の弥生時代の集落にあった「楼閣」にも似ている。

各鼓楼には必ず「チョオー」と呼ばれる四〜五〇代の伝達係がいて、彼が太鼓を叩くことになっている。

「トントントン……」

一拍子で三回続けて叩き、それを繰り返すことによって「緊急事態発生」を知らせる。

「トントントントントン……」

急いで連続的に叩くと「緊急集会」を意味し、村人はいっせいに戻ってくる。

サオ村の鼓楼は文革中に破壊され、八二年に再建されたものだが、木太鼓は吊るされていない。今日、太鼓が使用されているのは、高僧村の鼓楼だけといわれている。

2　男に花篭を渡す娘たち

この地方の稲は、日本と同じような短粒米か、やや長めの米である。祭りや年中行事のときには糯米を蒸して「餅」や「強飯」をつくって食べ、日常は粳米を炊いて食べる。

農作業はすべて旧暦（農暦）で行なわれ、三月末に田植え、七月中下旬に稲が刈り取られる。祖霊信仰の彼らは、田植え後、収穫が終わるまで芦笙を吹かない。吹くと籾に実が入らないという。

三月三日は「恋愛祭」で、若い男女が野山で数人ずつかけあいで歌う野遊びの日。山の中腹で男女複数がかけあう対歌を楽しむのだが、特別に親しくなった男女は、二人だけで対歌を楽しむことができる。もし、これ以前に結婚に同意しているならば、この日、娘は自分で花篭をつくって相手に渡す。また、この日に同意したなら、その後、娘は自分の畑でニンニクや野菜を採って川で洗い、恋人に渡す。この後は公開恋愛で、お互いに行き来し合うようになる。

六月六日は「ターニン」と呼ばれる、日本の夏祭りのような豊年祈願祭。六月十五日は「チャンユンメイ」と呼ばれる新嘗祭。

収穫後の八月の卯の日に行なわれる「芦笙節」は、日本の秋祭りと同じで、大きな芦笙を吹き鳴らして飲み、歌い、踊って大騒ぎをするが、「チンプン」と呼ばれる豊作祝いの儀式も行なわれる。今は芦笙を吹くだけで儀式はしなくなっているそうだが、本来は、チンプンが主で、芦笙は従であった。

チンプンは、「チメンチ」と呼ばれる祭儀の場所に、茅と弓と矢、そして鶏の血を供えて収穫のお礼を述べた後、羊と鶏の肉を一緒に使った料理をつくって皆で食べる収穫感謝祭である。茅は稲の代わりであるが、弓と矢は豊作を守るための象徴で、これは収穫の時期には、昔から他民族がよく籾を奪いにきたからだという。

高僧村の「ティユ」と呼ばれる魔除けは、男の子が生まれると赤い唐辛子、女の子が生まれると赤または緑色の布を、籾を取り払った稲穂に結んで家の入口に吊るす。

「この家には赤ん坊がいるので入ってはいけない。入る場合には家人の許可をとれ」

魔除けのティユにはそんな意味がある。

侗族の家を訪れると、まず「チェー」または「シー」と呼ばれる茶が振る舞われる。これは侗族の歓迎用の飲物で、地域によって名称やつくり方が違う。

サオ村では、強飯やポンとはじかせた米に落花生の実や油を混ぜ、茶湯を注いですばやく煮たもので、関西地方の「茶粥」のようなものである。私が八三年九月に訪れた鎮遠地方の保金寨では「シー」と呼び、米の粉で作った「スイ」と呼ばれるだんごと、豚の脂を入れて煮たおじやのようにどろどろした汁を、器に入れた「モ」と呼ばれる大きくはじけた米の上にたっぷり注いで、お茶のように飲む。シーには「タカ」と呼ばれる香りのよい草の花が入っている。これは「シーヒュー」（茶湯）とも呼ばれるので、歓迎用のお茶またはおじやと訳せばよいのかもしれない。このシーとほぼ同じものが、ヒマラヤ南麓の西シッキムにもある。

侗族はよく糯を蒸して食べるので、胃が重くなったり疲れたときにすっぱい食物を好む。だから、すっぱい汁の「ナムカム」を料理によく使う。ナムカムは米のとぎ汁を壷に入れて火の側に二~三日置き、発酵してすっぱくなったもので、女性の洗髪にも使われる。侗のナムカムと苗のオーショは同じものである。他には、「パイスム」(大根のすっぱい漬物)や「マースム」(野菜のすっぱい漬物)などがよく食べられる。

侗族にも「神」という言葉がない。「クマン」と呼ばれる祖霊が神を意味する。一般的に、どの家庭でも親が六〇歳になると「木棺」を準備するのが習慣である。親が亡くなれば墓地に埋めるが、その霊は東の空に行く。未婚者が亡くなると山奥に葬られ、その霊は家に戻ってくることはない。

侗族は、死後の魂は天へ行き、必要に応じて家の神棚「コウウオ」に戻ってくる。祖霊は守護霊となり、いつでもどこへでもついてくる。大晦日から小正月までは家に戻っているので、線香を立て、飯、茶、酒、豚の赤肉料理を供えるのである。

3 民話の中の風刺

稲作農耕民侗族には、農耕民らしい民話がいくつかある。その中で、日本人にも理解されやすいものを二編選んでみた。

●牛の祭り（四月八日）

昔々のある日、牛が野原で働いていると彪（小とら）がやってきました。

「お前はどうしていつも働いているのか。お前はどんなに働いても草しか食わないではないか。人間はお前が働いてつくったものを全部食べてしまうのにどうしていつも働いているのか」

彪が牛にたずねました。

「そうですね。そういえば私は草しか食べていません。それでは今日から働かないことにします」

牛はこう言って働くことを止めてしまいました。

人間は困り果てて、牛と相談しました。

「私たち人間は、必ず牛を敬います」

人間がこう言いますと、牛はふいに顔を上げ、大きな目で見つめながらこう言いました。

「言葉だけでは信用できません。本当に私を敬うのなら、私の黒い糞を食べてください。そうすれば、私は人間のために働きます」

人間は牛に働いてもらわないと困りますので、しかたなく牛の糞のような黒い飯を炊いて食べ、年に一度牛を敬う祭りをするようになったのです。

この祭りには「紫米」を炊くか、米を楓の葉で赤黒く染めて炊くのです。

これは日本の赤飯と同類のものであるが、その色の由来について語り伝えたものである。

●ハエとカエル

昔々、天の神がカエルとハエを呼び寄せて、次のような指示を与えました。

「おまえたちは地上に降りて、人間たちに、三日に一回の食事をするように伝えなさい」

ハエとカエルはさっそく地上に降りましたが、ハエは空を飛ぶので早く着き、カエルは地上をピョンピョン跳ぶので遅れて着きました。ところが、先に着いたハエは数をまちがえて人間に伝えました。

「天の神様は、一日三回食事をするようにとおっしゃっています」

それ以来、人間は一日に三回も食事を摂るようになりましたので、糞をよくするようになりました。

そのうち、天の神様が言いました。

「この匂いはいったいなんだろう？　行って調べてきなさい」

指示された者が地上に来て調べたところ、人間が一日に三回食事を摂るせいだとわかりました。

神様はその報告を受けると、すぐにハエとカエルを呼びつけて叱りました。

「ハエよ、おまえは蛆虫となって人間の臭い糞を食って始末をしなさい。カエルよ、お前は遅れて用を足さなかったので足を折ります」

そして人間は、一日に三回食事をするようになったために、よく働かなければならなくなったのです。

ですから人間は、ハエをどんどん殺し、カエルを捕らえると、必ず足を折ってから料理をして食べるようになったのです。

ハエもカエルも農耕民の日常生活になじみの深い生き物であるが、ハエは嫌われ者の代表であり、カエルは稲草の害虫を食べる役に立つ動物で、食用にも供される。この対照的な二つの生き物を取り入れた民話がおもしろく、農耕民ならだれにでも理解されることである。

貴州省の侗族はたいへんすばらしい建築技術をもっており、大きな鼓楼や飾橋、彫刻の多い民家などの木造建築物には、古くからの伝統文化が脈々と受け継がれている。彼らの生活文化は日本のわずか五〇年前の諸々に多くの共通点がある。しかも、これらの民話は、稲作農耕民にまつわる風刺であるが、日本人にもわかりやすい内容である。

III 女が伝えた稲作文化

苗族の籾乾し

一　壮族《チュワン》の祖霊と崖墓

1　越系民族が残した花山岩画

中国南部に住んでいる壮族は、十二世紀の南宋時代には「力強くぶつかる」意味で「撞」と記され、明・清時代には「獞」であった。そして、中華人民共和国になった一九四九年に「僮」とされ、六四年に現在の「壮」の字になった。

広西壮族自治区の成立は一九五八年で、総人口三三〇〇万人のうち一〇〇〇万人が壮族であり、雲南、貴州、四川省などにも一〇〇万人いる。中国五五の少数民族の中では最も人口の多い民族で、少数とはいいがたい。

広西壮族自治区のベトナム国境近くに、古代の越系民族が描いたものと思われる〝花山岩画〟がある。これは、左江の支流、明江の右岸にある、高さ二九〇メートル、幅二五〇メートルもの岩の絶壁の下層部に描かれている。私は一九九〇年一月と九六年一月の二回、この地を訪れた。

花山岩画のある岩山

岩画のある下層部分

区都南寧から南へ二〇〇キロ、舗装された道を車で三時間走ると寧明に着く。ここからは道がないので、左江の支流である明江を川船で二時間下り、パンロン村に着く。さらに川船で四〇分下ると花山である。

高さ四四メートル、幅二一〇メートルの岩肌に、朱色で奇妙な体形の人物像が、約一八〇〇体も描かれている。朱色の塗料は、酸化鉄と牛の血、牛乳、樹脂などを混ぜたもので、竹かしゅろの毛などのはけのようなもので描いた素朴な画だ。裸で踊ったり、カエルのような蹲踞の姿は、見れば見るほど不思議な画で、まるで宇宙人が描いたのではないかと思われる。

この塗料を炭素一四で調べると、二五〇〇〜一八〇〇年前のものと判明した。まさしく岩画遺跡だ。

九六年一月に同行した博物館の研究員鄭超雄氏（四五歳）が専門家の立場でいろいろ説明してくれたので、一回目にはわからなかったことがずいぶんと絵解きされた。

これらの画は、いくつもの集団になっており、村の長の死を記念して描いたものである。死者は腰に環刀をつけて犬の背の上に立っている。その周囲の人物はほとんど裸体に近い描き方である。

山は神の家であり、それを守っているのが犬だ。死者の魂は、この犬に導かれて山に入ると思われていた。現在では、この岩山は花山と呼ばれているが、本来は「ピヤライ」と呼ばれていた。その意味は「草木のあるところ」である。

江西省東部の、越系民族の末裔たちの古い崖墓のある鷹潭《ようたん》県上清鎮の人びとが、月が山の犬に喰われるので、大声を張り上げて月を追い出す話をしてくれた。

「月食は、山の犬が月を喰うからだ。旧八月十五日の満月の夜は、月の出が遅いので、村の男たちが各家の前で太鼓や銅鼓を打ち鳴らして『赶天狗吃月《かんてんこうちゅゆえ》』と大声で叫ばないと、満月が犬に喰われる。三〇分も叫び続けると満月が山から上るので、用意した御馳走や月餅を皆で食べる」

越系の民族にとって、犬は特別の意味があったらしく、犬がいろいろなところに描かれている。

死亡した村の首長の一生に起こった大きな出来事を、彼の周囲に描いている。戦勝記念もあれば雨乞いもあり、権力や財力の大小は銅鼓で象徴している。

竹でつくった長い帽子をかぶった女たちは、山の上に登って雨乞いのために踊っている。祈った後は、その帽子を頂上に置いて下山した。

雨乞いは竹製の高い帽子をかぶって踊る女たちで、戦いや行事は男たちのカエル踊りの姿で表現している。

頭に羽根をつけた羽人がいる。頭髪を角のように二つにした双髪《そうきつ》は男性、一角のような単髪《たんそう》は女性。西洋料理人の頭にある帽子のような高髪《こうきつ》は男性で、英雄の象徴である。

一般的に、男性は正面からカエルのような蹲踞《そんきょ》の姿勢で力強く、女性は女らしく見せるため、柔らかく踊る姿で側面から描かれている。

銅鼓を表現する〝星線紋〟にもいろいろな型がある。⊕、、などはいずれも権力や財力を象徴する銅鼓を意味する。また、旱魃や太陽を表現するには、○、⊙、◉、◎、などを用いている。

銅鼓は、もともと炊事用具の鍋であったが、やがて楽器となった。食事が終わり満腹になると、人びとは鍋をひっくり返して底を叩いて歌い踊ったことから、楽器としての銅鼓が始まった。そして、雷神の息子であるカエルをトーテムとする人びとは、銅鼓の上に翔鷺《しょうぎ》紋《もん》や雲雷紋《うんらいもん》の模様を施し、雌雄のカエルの像を置いて、人口増加を願った。

こうした銅鼓の使われ方は、①権力の象徴、②祭祀、③盟会（村と村の会合）、④集会、⑤賞

岩画の一部（「雨乞いの踊り」）

賜、⑥王への捧げ物、⑦神器、⑧舞踏用の楽器、などである。また、銅鼓は祟りを鎮めるために、地下に埋めたり、水の中に沈めたりもした。

古代越人は、死者の魂は犬に導かれて山や天界に逝くと考えていた。また、人が死ぬと肉体は魚になり、魂は鳥（鷺）のようになって天に昇るとも思われていた。そして祖霊は天の門の中に入るともいう。

村の長、尊長と思われる人物が、長い環刀を腰に差し、犬の背の上に立っている姿が大小三一体あり、大きいものは一九体ある（一体だけ長刀を腰につけていない）。いずれも、首長を取り囲む群像は、彼の生涯の出来事の一部を記述したものだといわれている。とすると、少なくとも一九世代、多くて三一世代の首長が描かれている。一世代約二〇年とすると、三八〇年から六百数十年もの間にわたって、この巨大な岩壁に、民族、村の物語が描かれていることになる。岩壁に塗られた朱色の塗料を炭素一四で調べると、これらの岩画には約七〇〇年の年代差がある。

湾曲した川面に面した花山の岩壁は、南西方向に向いている。岩壁全体がやや湾曲し、上部が前にせり出ているので、毎日午後二時頃から三時頃まで、南のほうのごく一部に日差しが当たるだけである。長いときでも二時頃から四時過ぎまで。これらの岩画には雨や水はめったにかからないし、日差しはほとんどない。そのせいか、外気に触れているにもかかわらず、二〇〇〇年近くも原型をとどめ、いまだに変色の少ない不思議な現象だ。

湾曲した川の反対側に渡ってよく見ると、壁面が湾曲しているのがわかる。とくに腰部の高さ五〇メートルくらいが、川の流れによってか、ゆるやかに湾曲している。上部が突出しているせいか、岩壁の下で発する音が拡声されることは一回目の訪問のときに気づいていた。しかし、今回対岸に立つと、人の声がはっきりと聞き取れることに気づいて驚かされた。

反対側の岸から拍手を打ってみると反響した。「オーイ」と声を出すと大きく反響し、上空のほうから返ってきた。やや大きな声で岩山に向かって話しかけた。拡声された同じ言葉が天から下りてきた。不思議な現象に驚かされ、川幅五〇メートルもある花山岩画の岩壁に何度も声を発した。拡声された声が、まるで天の声のように岩山の頂上のほうからはね返った。花山岩画の下で話す人の声が、まるで数メートルの近くように聞こえる。

風光明媚な左江の沿岸には、八〇カ所余りの古い岩画がある。そのうちでいちばん大きな岩画群がこの花山岩画だ。

ここに岩画を描いた人びとは、声が拡声される自然現象を十分知っていたに違いない。彼らにとって、ここは精霊や先祖の魂の宿る岩山であり、お祈りをすることによって天の声を聞くことのできる聖地だったはずだ。

この原理を人工的につくったのが、北京の天壇公園の中にある「回音壁」だ。皇穹宇の内側の塀に向かってささやくと、声が壁を伝ってゆくのか反対側の人にもはっきりと聞こえる。

この花山岩画は、古代越人たちが、死者の魂を天に送るのに最もふさわしいところで、しかも先祖の霊が告げる天の声を聞く場所として長く聖地の役目を果たしてきたのだろう。

やがて宋時代になると、狄青《ディーキン》将軍が山東半島から軍隊を連れて侵入し、この地方を支配下にした。今日の人びとは、その軍人たちと現地女性との混血児の末裔で、この岩画については何も知らなかった。

2　二次葬の崖墓

中国南部の広西壮族自治区をこれまでに三度訪れた。四度目は、九六年一月、越系民族の「稲作文化」を踏査するためであったが、やっと二次葬を見ることができた。

南のベトナムから国境を越えて花山岩画を踏査した後、区都南寧を訪れた。南寧から約六〇キロ北の武鳴県には、多くの壮族が水稲栽培を生業として生活している。生活形態はすでに漢民族化しており、家はもともとは木と竹の高床式住居で、階下は家畜用であったが、今では平屋の煉瓦造りになっている。

しかし、彼らは今も稲作農耕民で、稲作起源の伝説や新嘗の祭り、雷神の子であるカエルをトーテムとする風習などがある。燕を益鳥として大切にし、川魚の草魚を生で食べる。正月には草木で着色した赤、白、黄色の三食おこわで祝い、糯米の焼酎や酒を飲み、男女で対歌をする。また、二次葬の習慣があり、骨壺を絶壁に安置する「崖墓」をつくる。これらは、稲作文化の民「越族」の末裔である壮族独特の風習である。

越族は、紀元前五世紀頃には、現在の浙江省、福建省、江西省を中心に住んでいたが、越の国は紀元前四世紀末に楚の国の侵入を受けて滅びた。そして、紀元前三世紀末頃から漢民族の侵入によって楚も滅び、江南地方の越系民族の多くは、徐々に南へ移住して越南とも呼ばれるベトナムまでに至り、「百越」と呼ばれるほど多くの民族に分かれ、広範囲に住むようになった。たとえば、紀元前二世紀頃の漢時代には、浙江の「甌《おう》越」、福建の「閩《びん》越」、広東の「南越」、広西・ベトナム北部の「駱《らく》越」などである。

その後、江南地方では漢民族文化の浸透によって、越系文化は衰退したが、雲貴高原や南の広西やベトナムでは、今もまだ色濃く残っている。

私は、その駱越系民族末裔の稲作文化を踏査したくて、花山岩画を見た後、武鳴県馬頭郷前蘇村を訪ねた。まだ水稲栽培中心の生活だが、この頃換金作物として砂糖キビが多くなっている。

この村は純農業地帯で、約二〇〇家族、人口七〇〇人の小さな村だが、小学校が一つある。周囲には水田が多い。

村は丘になっており、小学校は上のほうにあった。私は、ウン・ヨーウさん（三五歳）の家を訪れ、この地方の生活文化を調べることにした。とくに、川魚の草魚を生で食べるので、その料理の仕方を知りたくてやってきた。

壮族は、家庭で男性が料理することが多い。ウンさんもすべて自分で料理し、奥さんは何もせず田仕事をしていた。

草魚のことを壮語では「ラクワン」という。彼は、前日ラクワンを池から捕ってきて清水に入れていた。長さ四〇センチほどのラクワンのうろこをとり、三枚におろし、白いきれいな紙で水分や血をよく拭き取った。ラクワンには小骨が多いが、薄くせん切りにするので口にさわることはない。それに落花生油または菜種油をかける。

この薄く切った生魚の肉につけて食べるたれ（味をつけた汁）は、米酢が中心で、落花生油を少々入れ、薬味としてしそ、セリ、雷公根（せんぶりのような草）、香草、唐辛子、しょうが、らっきょう漬などを細かく切って入れる。

こうしたたれをつけて食べる魚の味は刺身というよりは「ぬた」に近い。それにしても、中国大陸で生魚を食べるのは壮族だけである。漢民族は決して生肉を食べない。彼らは、生肉を食べる人間は原始人だと思っている。だから、食物には必ず熱か火を通す。

午前一〇時頃、カメラを肩にかけて村を見て回っていると、小学校近くの蘇明華さん（四〇歳）の家で、親類縁者が集まって先祖祭りをしていた。

私には、日本からビデオカメラマンの小森君が同行している。そして、現地では花山岩画以来同行している通訳の李膺剛君と自治区博物館の主任研究員で、民俗学の専門家である鄭超雄氏と案内人がいた。鄭氏は、先祖祭りは四月の清明節のときにしかしないものだと言って笑っていた。

息子が言うには、今日は占いによると吉日なので、三年前の五月十五日に七〇歳で亡くなった父親の二次葬をしているのである。

長男の蘇明華さんや縁者の男たちの多くが墓地に行って洗骨をしているというので、次男に相談したところ、取材することを承諾し、案内してくれることになった。鄭氏は見たくないと言って同行しなかった。

村から一キロほど西へ戻った村道近くに墓地があった。ゆるい丘になっており、黒松が生えてい

丘の斜面に置かれている木棺

骨をとり出して拭き浄める

浄めた骨を稲ワラでいぶす

る。木棺は地下に埋めるのではなく、土に半分ほど埋まっているが地上に置いているので一種の風葬だ。

一三年前、この近くの馬頭村を訪れたときにはまだ文革中の共産党の指示が続いていたので、棺を土で覆うように義務づけられていた。文革が終わってしばらくしてから、その規制がとけ、壮族独自の古来からの風葬が可能となっていた。

一五名の男たちはすでに棺を開け、白い柔らかな紙ですべての骨を拭き浄めていた。浄めたお骨は、竹製の箕に入れて、稲ワラの煙で二〜三分燻した。そして、高さ四〇センチほどの壺に足の骨から順々に収める。男たちは会話をしながらにこやかに作業をする。最後に頭蓋骨を置き、壺の口に赤い布をかけて栓をする。この間祈ることもなく、明るい雰囲気が漂っていた。

長男の蘇明華さんが、その壺を竹かごに入れて背負い、村の入口まで運んだ。占いで決められた村の入口にある低い丘の南向きの斜面をうがって壺を安置した。

鶏と豚の肉、米を供え、紙銭を燃やし、線香を点した。近い親戚縁者だけが、線香を手にして拝礼し、大地に膝と掌をついてひれ伏し、冥福を祈った。正午頃、蘇さんの家に戻った男たちは、酒と御馳走を振る舞われた。村人たちは米の焼酎に鶏の胆汁を入れ、緑色にした焼酎を大きな茶碗で回し飲む。目がよく見えるようになるということであった。

二次葬にかかる費用は、五〜八〇〇元。村の平均月収は二〇〇元（約二五〇〇円）なので、貧しい家族にとっては、祖霊信仰としての二次葬をすることができず、そのまま放置され、一〇年もすると風化して地上の棺は朽ちる。

「四〇年ほど前までは、豊かな家の家長の骨壺は、岩山の高い穴に安置された。今では雨乞いもしないので、村の近くの低いところに安置するだけだ」

村人は淋しげに言った。岩山の高いところに安置して崖墓をつくりたいのだが、たくさんの費用がいる。今ではそんな余裕はないとも言った。

壮族は、死後の肉体は土に還るが、魂は子孫へと伝わるので永遠だと信じてきた。霊力のある魂である祖霊は山に住み、子孫を助けるともいう。

祖霊とは先祖の霊魂のことであり、先祖は家系の一代から死んだ先代までの人びとのことである。人間の肉体が滅んでも霊魂は存続するという観念は、世界の各地に分布し、いろいろな祖霊観念があるが、とくに越系の稲作農耕民たちは、稲を栽培するために天災や病害虫防止、雨乞いなどに利用し、いつしか「神」と崇めるようになった。そして「祖霊信仰」という社会形態が組織化され、豊作祈願や収穫感謝の祭りや年中行事へと発展させた。

雨乞いは、古代から稲作農耕民、壮族にとって大変重要な儀式であった。広西壮族自治区の武鳴県や平果県には、石灰岩の岩山の絶壁にある洞穴に骨壺が安置された「崖墓」が今もたくさんある。ここの崖墓は、雨乞いに利用された先祖の遺骨を安置することから始まったとされている。こうした崖墓はインドネシアのトラジャにもある。

壮族の人びとは、今も稲作栽培の稲作農耕民であるが、科学技術の発展により、すでに治水工事が施され、灌漑用水路などの水利施設がかなり充実しているので、雨乞いの必要性はなくなっている。しかし、彼らには、今もまだ祖霊の宿る崖墓をつくるための二次葬の習慣がある。その崖墓の発祥地は、越系民族の末裔とされている壮族の大故郷である江南地方の福建省（閩越）武夷山市である。

二　古代崖墓と祖霊神の起こり

1　人から神になった「武夷君」

江南地方には、古くから川沿いの懸崖（人びとが登ることのできない絶壁）の高いところに棺が安置されていることはよく知られていた。しかし、どのような人びとが何のために、数十メートルも高い懸崖に棺を安置したのかについては、多くの謎があり、はっきりしていなかった。懸崖の棺は、一般的に懸棺と呼ばれ、その場所は崖墓と呼ばれている。棺は楠木の大木で船型につくられているので船棺と呼ばれている。

崖墓の最も古いものは、江南地方の福建省武夷山市にある。初めて古い崖墓を見たのは、一九九一年八月、江西省鷹潭の白塔河上流の上清渓にある、龍虎山の春秋戦国崖墓であった。しかし、それは武夷山地方から伝わったものである。

最初に武夷山市の崖墓を見たのは九五年一月。それ以来、崖墓と祖霊信仰と稲作文化のかかわりについて考えるようになった。そして、九七年十月二十九日、再び武夷山市を訪れた。

私は、十月二十三日から二十八日まで、江西省の南昌で開催されていた「第二回農業考古国際学術討論会」に出席した。その後、南昌から車で陸路武夷山市に入った。

そしてわかったことは、江西省東部から福建省の武夷山地方にかけては大地が赤色砂礫岩に覆われ、低山丘陵になっていることだった。そのため、いたるところに大きな岩山があり、川沿いは水の浸食で懸崖が多かった。武夷山市は盆地で、周囲はすべて岩山である。

通訳は、すでに二回も私を案内している福建省青年旅行社の陳凡さん（二七歳）。彼は、寧徳地方の畲族を訪ねた旅に同行し、前回の武夷山旅行にも同行していたので、私の旅行目的はよく知っているし、私の本も数冊読んでいる。ホテルは前回と同じ、国家旅遊局直営の玉女大酒店である。

翌三十日、朝一番の飛行機で、福州から福建省博物館研究員で、この辺の崖墓の専門家である林忠干教授が、私を案内するためにやって来た。彼とは以前福州で会っている旧知の仲である。再会を喜び合って、すぐに武夷宮にある博物館を訪れた。ここには、観音岩崖墓の船棺が透明なガラスケースの中に入れて陳列されている。館長の鄭さんは林さんの友人で、私たちを案内してくれた。私たちは陳列品を見ながら、崖墓について話し合った。

約三〇〇〇年前の商（殷）時代の末頃、現在の江蘇省の辺りに彭という国があったが、外敵に侵略され、その国王がこの地方へ逃げて来た。彼を彭祖と呼ぶ。本名は銭堅であった。彭祖には彭武と彭夷の二人の息子がいた。この二人がこの地方を発展させた。そして、人びとはいつしか兄弟の功績を称えて、この地方を「武夷の土地」と呼ぶようになった。やがて地名が「武夷」になり、そして一人の名前となり、「武夷君」になったという。

武夷君とは武夷神のことであるが、今から約二〇〇〇年前に、漢の武帝がこの地で乾魚を供えて祭ったことから有名になった。武夷君は人からこの地方の祖霊神になり、やがて世に知られた神になった最初の例である。

武夷地方でいちばん古い崖墓は、武夷博物館の後ろにそびえ立つ岩山「大王峰」にあったもので、炭素一四で木棺の破片を調べた結果、三〇〇〇年以上とされている。それは「武夷」を葬った棺を安置した崖墓とされているが確証はない。この他には、九曲下りで有名な川沿いなど、一六カ所に崖墓があるが、棺の数については多いのでまだ調べがついていない。

武夷地方には四～五〇〇〇年前から人が住んでいたが、多くの遺跡からの出土品によると、約四〇〇〇年前には、この辺で稲が栽培されていたことになる。これは陶器の酒器や酒を入れる陶壺、米の炊器などによるものであるが、まだ水田跡は発見されていない。

武夷地方には、野生稲発見による稲作起源のたいへん珍しい伝説がある。

「昔々、野山が自然に燃え、大きな火事になった。そのとき、野生の稲の籾が破裂し、中から白い実が出てきた。人びとは、その白い実を食べてみて、初めて稲の実が食べられることを知った。それ以来、人びとは稲を栽培するようになった」

江南地方や雲貴高原では、人びとが、自然に稲を発見したという伝説は武夷地方以外のどこにもなかった。必ずどこからか伝来または飛来する伝説である。野生稲の現存する江西省東郷県は、ここからわずか一五〇キロ西である。江西省社会科学院の陳文華研究員によると、古代の江西省東部にはいたるところに野生稲が群生していたであろうという。もしかすると、この武夷盆地にも群生していたのかもしれない。

2 天の川を渡る船棺

林忠干さんは、二〇年ほど前に、武夷山にある白岩の崖墓を調査し、五〇メートルもの高さから船棺を吊るして下ろした経験がある。その船棺は武夷二号棺と呼ばれ、今、福州の博物館に陳列されて彼の管理下にある。それとほぼ同じものが武夷博物館にもあるが、彼の調査した棺について説明を願った。

第二号棺は、船型の上栓の長さが四・五メートル、下が四・四メートル、高さ七五センチ、幅は五五センチ。棺の前後には吊るすための長方形の穴がある。

古代の人は川を道としていたし、天に旅するには大きな海または湖や川（たとえば天の川）を渡って行くと考えたのか、棺は船型になっている。死体は竹で編んだござに包まれ、その下に四本の竹竿があった。身体には綿や絹の糸でつくられた布が巻きつけられていた。これは木綿では中国でいちばん古いものである。頭のほうには皿のような亀型の枕が一つ。亀は水母であり、水神であり、長寿を意味する動物である。そして、二個の卵型の石もあった。

崖墓の内に置かれていた船棺

このような特徴から、二号棺の主は、村の長か尊長だとされている。身長は一六五センチで、五、六〇代の男性。骨の特徴はモンゴリアンで、頭骨は長頭丸型である。

武夷山市には崖墓は多いが、いちばんよく見えるのは、九曲渓を竹の筏で下ってくると四曲にある大蔵峰の崖墓である。筏から下りて、懸崖の対岸の山に登り、望遠鏡で見れば、穴の中までよく見える。大蔵峰の岩穴には猿のような顔をした大きな鳥「猴面鳥《ホーメンニャオ》（コンドル）」がときどき飛来し、木の枝でつくった大きな巣がある。ここには上下二カ所に崖墓があり、上の穴を「鳥の巣岩」と呼ぶ。この穴には棺が三個と二枚の板があり、二つに割れた一個の白い頭蓋骨が見える。そして、左の端のほうに灰色の壺の破片がある。私に同行して六〇倍の望遠鏡で見た林さんは、この壺の底が丸くくぼんでいる特徴から、商時代の圜凹底と類似するので、三〇〇〇年ほど前の商時代のものだろうと言った。

上の穴は川の水面上五〇メートル、下の穴は三〇メートルの高さである。下の穴は大きく、たくさんの棺が壊れている。その中に、一個だけ柿色の土器があった。上の穴の棺は大きく、下の穴の棺は小さくて数が多い。同時代のものとすると、高いところのほうが地位が高かったものと思われる。

明の時代には、川下りの筏の上から見上げると、穴のところにたくさんの陶器が並んでいたそうだが、その後川に落ちて流れたのか、盗難にあったのか、今はもうなくなっている。

それにしても、川沿いの一〇〇メートルもある懸崖の途中にどのようにして上げたものだろうか。それはいまだに謎になっているが、林さんによると、商の時代には、すでに「轆轤」と呼ばれる巻上機や「滑輪」と呼ばれる滑車があったので、ロープを使って巻き上げて安置されたという。しかし、高い懸崖にロープを結びつける相手がないところもある。やはり説得力は十分ではない。さもなければ、今でも懸崖に棺を運び上げて安置する、インドネシアのスラベシ島中央部に住むトラジャ族が竹を組み立てる方法と同じだろうか。しかし、深さ数メートルもある川の中では困難である。実際、数十年前に、竹を組んでやった人がいたそうだが、現代においてもうまくいかなかったという。

崖墓の発祥地はこの武夷山であるが、この一二〇キロほど西の江西省龍虎山には二四〇〇～二五〇〇年前の崖墓がある。そして、やはりこの地方から人びとが移動していった四川省の小三峡にある閬濮の崖墓は、二三〇〇年ほど前のものである。いずれも川沿いの懸崖にあり、多くの謎を残している。

紀元前三三四年に西の楚の国に滅亡させられた会稽（浙江省紹興）の越国の王族の一部が今日の福建省、すなわち閩地方へ南下し、福州を中心として閩越国を建国した。紀元前二二一年、楚を滅亡させた秦は、閩越国とも戦って勝ちはしたが、支配するまでに至らず放置した。そのため、その後の閩越国は二分し、一方はここ武夷を中心とし、もう一方は福州を首都とし、しばらくの間、二国が併立していた。ところが、紀元前一一〇年に漢の武帝が侵略し、両国とも滅びた。多くの閩越人は漢民族を恐れて現地を逃げ、南のほうで多くの国を建国し、百越ともいわれた。そして、その後の武夷地方には中原や江西、浙江地方から混血漢民族の人びとが移住してきた。

外部から武夷に移住してきた人びとは、崖墓のことは何も知らなかった。なかには仙人の墓だと思い、神通力があるので神と同じ扱いをした人びとがいた。そのため、崖墓の下でいろいろな祈願をした。たとえば、防災や雨乞い、家内安全などである。

明の時代、観音岩の崖墓が壊れて船棺や骨が落ちてきた。近くの村人たちは、その骨を拾い集めて特製の木の箱の中に入れて安置し、神と同じように崇め祀った。しかも楠木でつくられた棺は、よい香りがしたので、薬や宝物として大切に扱われたり、天秤棒などになった。崖墓の骨を安置した箱の一つは、今、博物館に陳列されている。

当時の人びとは、この崖墓の骨を船棺から取り出し、雨乞いをした。そしてその骨を村が一望できる高いところに安置した。人びとはその魂は仙人となり、願いを聞き、助けてくれると信じてもいたという。

私たちは昼まで話し合い、館長も交えて昼食を共にした。

3 祖霊は天神への使者

午後二時過ぎから、武夷宮から一五キロほど離れた太廟村のある谷に車二台で入っていった。白岩と観音岩の崖墓を見るために、林さんの案内で訪れる。途中から道が悪くたいへんだったが、あと二～三〇〇メートルで車道がなくなり歩いた。

巨大な岩壁になっている蓮花峰の中にある白岩の崖墓は、二〇年前に林さんが調査し、棺を下ろして今福州の博物館に陳列している。すぐ近くの観音岩の崖墓は、二十数年前に、コンドルの巣を探していた外省人（福建省外の中国人）が、偶然に崖墓を発見し、懸崖の上からロープを下ろして穴に入り、棺の中を開けたが、白骨だけで何もなかったことに立腹し、下に突き落としたことから、現在は武夷博物館に陳列されている。

この辺の崖墓に原型をとどめた船棺が残っていたのは、大きな川がなく、人も住んでいないし、道がないので人通りが少なかったためである。しかし、今では数年前から近くに五軒の家が建っている。

私たちは、高いところにある崖墓を見上げながら、なぜこんなに高いところに棺を引き上げる必要があったのだろうかを話し合った。

武夷地方にある葫芦山の頂上に、四角形の祭壇の遺跡が発見された。これは、三〇〇〇年ほど前の西周時代に、天を祭る儀式用に使われたものとされている。当時は、天を崇拝する信仰があったものと思われる。

当時の人びとは、神は天にいるものと思い、いろいろな自然現象や高い山を恐れた。人びとは、すべての現象が天の神のなせる業と思い、自然災害を防ぐ方法として、生命力の強かった先祖の霊を天に遣わし、天の神との連絡役をしてもらおうと考えたようだ。そのためには、天に近いより高いところに棺を安置し、しかも他人に暴かれないところでなければならない。

そんな思いから、人びとは、六〇歳以上生きた親の棺をより高い、より安全な場所に安置するために多くの財力を使って、最善の努力をした。そのため、財力のある人はより高く、ない人はそれより低いところに安置せざるを得なかった。

人びとは、先祖の霊が天に行き、神との連絡役をしてくれれば、子孫に災害が及ばなくなり、平和に安心して暮らせると思ったようだ。そして、先祖が一度連絡をつけてくれれば、子孫は次々に天の国へ行けると考えた。もし、先祖が天の神に会いに行くことができなかったとすれば、それは子孫の努力不足であったと思わざるを得なかったのである。

人びとは、天に祈るとき、高い祭壇を設けたり、高い山に登って、天により近いところに参上した。彼らの天神崇拝の工夫と努力が、懸崖に棺を引き上げる行為を神聖化したという。

大蔵峰の崖墓

引き上げるためには、下から竹を組み上げる方法もあったろうし、巻上機でロープに吊るして引き上げもしただろう。懸崖の同じ穴にたくさんの棺があるのは、同じ方法で手軽に吊り上げることができたものと思われる。

朱子学の創始者朱熹は、福建省龍渓の生まれだが、育ったのは武夷山市近くの五夫であった。宗時代の朱熹は、武夷宮にある道教の寺院（道観）の第十六代道観主で、この地方に五〇年間（七一歳の生涯）暮らし、多くの門弟がいた。その彼が次のような「九曲棹歌」を残している。

三曲君看架整船　不知停棹几何年
桑田海水今如許　泡沫風灯敢自怜

「九渓の三曲で船棺を見上げると、今まで何年たっているのか古すぎてわからない。流れる時が長く経ちすぎて、今は誰も訪れには来ない」

子孫たちが努力して、最高の場所に安置された棺は、長い時の流れの中で、その後見守ってくれる人もなく、ひっそりと存在し続けている。しかし、その行為が生み出した先祖の霊を天神への使者として大切にする理念、道理は、祖霊を敬う心を育み、後世の人びとに「祖霊崇拝」という信仰心を培わせることになった。

4　祖霊信仰の起こり

自然災害は天の神によるものと考え、天に近い高い山を恐れ、その恐怖を振り払ってくれる連絡役が祖霊であると考えることによって、天（神）、山（自然）、祖霊（人）が一体化することを願った。これこそ、天・地・人の道理を確立する基本理念だ。その理念を応用した社会生活の知恵が「天の時・地の理・人の和」という哲学になったのだろう。

祖霊とは、家族または血縁集団の祖先の霊魂のことだが、生者との相互依存関係によって、祖先崇拝が強く現れる社会状態を「祖霊信仰」と呼んでいる。

祖霊は、仙人となって深山幽谷に棲み、呼べば戻ってくる「招魂再生」の理念によると、崖墓は子孫の守り神が鎮座するところであり、日本風にいえば鎮守の森や祠と同じなのだ。

自然の営みの中でしか生きることのできない稲作農耕民たちは、自然の偉大さ、怖さ、豊かさを全身に感じてきた。

稲作農耕民にとって、自然と先祖はほぼ同じものであった。自然なる先祖の霊は、まさしく神なのだ。だからこそ、毎年新しい米を収穫するたびに、まず祖霊に供えて新嘗の儀式をし、感謝の祭りをする。

祖霊は、生者と密接な相互依存関係にあり、尊敬、世話される限り、超自然的能力で生者の保護と農作物、とくに稲の豊穣を恵み、さらに反社会的行為には罰を下して、生者たちの秩序の維持をも図ると考えられていた。

こうした考えから、自然とともに生きる稲作農耕民たちの道理の中に、先祖崇拝という「祖霊信仰」の精神世界が発展した。

儒教における「孝」という言葉には、祖先を祀る、親子仲良くする、子孫をつくるという三つの原則がある。儒教は一種の生命論であり、生命の連続性を説いており、親とは自分のことなのである。そして、親とは祖先、血のつながり、子孫の繁栄を願った言葉であり、自分の生命を意味するものである。人間は死んで土に戻ると自然となり、神秘的な自然は神として崇められる対象となる。そのような考えからすると、「親」のもとになるのは自然であり、神であるということになる。

病魔や害虫、天災や人災などを恐れ、水不足に悩まされた稲作農耕民たちは、祖先の霊を最大限に利用する知恵として、天の神への使者とする願望が、祖霊信仰という稲作文化の一つを創造したのである。

古代から、人が六〇年以上も生きることは、たいへんな努力と工夫が必要であり、その逞しく生きた「生命力」にこそ、多くの若い人びとが憧れ、生き方を見習い、生きざまに畏敬の念を抱いた。そのよりよく、長く生きようとする気持ちが、生老百年を意味する「寿」の概念を形成してきた。人は、一〇〇歳まで生きることを最高の喜びとし、一〇〇歳以上は神の世界、すなわち「仙人」と見なしてきた。まさしく、六〇年以上も生きた先祖、親は、神への使者として、子どもや孫にとって頼もしい存在であったのに違いない。

老人とは、単に年齢を重ねた肉体的特徴を意味しているのではなく、社会の知恵者としての文化的意味を持った社会人の状態を表現する言葉だ。その六〇歳以上の老人が、青少年に惜しみなく知恵を与え、現世に残していこうと努力するが故に、子どもたちの感性に「老人→翁→神」としての愛と温もりと畏敬の念が芽生え、敬老の心が自然に強まる。人間の老いる姿は、子々孫々が生きるための努力と工夫の過程なのだ。その知恵ある老人、翁の久遠の愛こそが子孫にとっての「神」なのである。それが、「文化は祖父母から孫へ隔世伝承される」ことの所以である。

長い人類史の中で、多くの人びとがよりよく、より長く生き、祖霊のいる神の世界に入っていくために、天に還ることを望んで生きる努力をしてきた。その理念こそが、人、神、自然の一体感を培い、人を神にして天に還す、稲作農耕民の最高の文化が祖霊信仰であった。その始まりがこの武夷山の崖墓である。

日本文化の基本である稲作文化の原郷を求めて二〇年近くも踏査の旅を続け、江南地方の武夷山中にやっとたどり着いた。野生稲の生息地東郷県とはわずか一五〇キロの目と鼻の近さである。稲を栽培する人びとの精神世界の起こりと伝播が、この武夷地方に立って、霧の中から徐々

東郷県の野生稲

に浮かび上ってきたような気がする。

人は何故稲を栽培し、食物とし守り続けてきたのか？　その疑問よりも、数千年以上も栽培し続けられてきた結果として今も続いている稲草、米そのものが偉大であり、神であり、生命なのだ。今、ここに立って、崖墓を眺めている私自身が稲作文化そのものなのだ。祖国日本がこれからいかに国際化し文明化しても、私が寄って立てるのは、稲作文化でしかない。

私は、天なる大宇宙の中の地球上の日本に生まれ、稲作文化を基本とする日本文化を共有する人びととともに生きてきた。そしてこれからも、ともに生きようと思っている。

生き生きて　ここに吾あり
吾もまた　大和の里の　森に還らん

三　ベトナム泰《タイ》族の御霊屋《みたまや》

一九八五年二月九日、ベトナム北部のホアンビンから北西七四キロにある泰族の住むモックチャウ県に向かった。当時は民族調査でハノイから地方へ行くことはなかなか許可されなかったが、ベトナム青年連合会の副首席ブークオクフン氏（四五歳）や対外委員長ゴアンズム氏（三五歳）などの協力を得て、やっと許可されての踏査旅行である。同行者は、通訳タイン（三七歳）、案内人ビン（三二歳）、運転手タン（三三歳）の三氏。

一時間もするとピーソン県に入り、ガーファン村でムオン族の若い男女が水牛で耕作するのを撮影した。この辺には石灰岩が多い。標高九〇〇～一〇〇〇メートルの高原地帯で、雲南高地から東のほうに続いている。

二時間もすると、トンヘア峠にかかる。南東のほうの平地には水田が広がり、石灰岩の岩山が大きな柱のように立ち、ところどころにムオン族の村がある。

標高一二〇〇メートルのトンヘア峠を越すと、北西のほうは泰族の居住地域モックチャウ県。峠から見下ろす平地は水田地帯で、中心地モックチャウの町がある。緑の園の中に茅葺きの家々がある田園風景は、まるで弥生時代を思わせるユートピアのような素晴らしい眺めだ。

モックチャウの水田地帯

峠を下り、水田の中にあるモックチャウに午前一一時前に着いた。この辺には泰族の村が散在している。私たちは、町の中心地を通り抜け、ビンさんの知人宅があるチンチョー村のラク地区を訪れた。そして、ハーユン・ニャムさん（五九歳）の家で世話になる。

泰族は、昔から自分たちを泰《タイ》と呼んでいた。南中国の壮《チュワン》族は自称ではなく漢語である。壮族のことを尋ねたが知らなかった。

ベトナムの中心的な民族はキン（京）族で、同行の三人はいずれもハノイ出身のキン族である。ほかにはムオンやザオ族、そして泰族が住んでいるが少数である。泰族は壮族と同系の民族で、雲南の景洪泰族やタイ王国の人びと、ミャンマーのシャン族、アッサムのアホーム王国の末裔たちとは同系の民族である。ベトナムの泰族は、七〜八〇〇年前に雲南地方から移住してきた人びとの末裔だとされている。一三世紀中頃、元のフビライ軍に滅ぼされた雲南の大理王国の支配民族は、泰族であった。

一二五三年に滅亡した大理王国の貴族、泰族の一部アホーム族は、一二二八年にインド東北部にアホーム王朝を建国する。しかし、一八三八年にイギリスによって滅亡した。その後、その地はイギリスによってアッサムと呼ばれるようになった。

私は、すぐにタインさんを連れて村を歩いた。大きな谷間にある緑の多い水稲栽培のチンチョー村は、茅葺き屋根の高床式住居が三七五軒あり、村人は二六〇〇人。私たちが滞在するラク地区だけでは六一軒で三六〇人が住んでいる。まるで弥生時代の村を見ているようで、二〇〇〇年ものタイムスリップを感じながら、ときどき村人に声を掛けたが、残念ながらキン族のタインさんとは言葉が通じなかった。

村には孟宗竹のような大きい竹が多い。屋敷には必ずバナナと竹が生えている。田圃の畦道を通ってあちこち歩いていると、村はずれの竹や雑木の生えている林の中に、高さ一・五メートルほどの竹と茅でつくられた小さな家がたくさんあった。人気のない静かな林の中に、小さな新しい家、古い家などがたくさん建てられている状況は、小人の国のようでもあるが、どことなく霊気の漂う異界の雰囲気がある。

林の中の小道を五〇メートルも入ると、タインさんが私を止めて帰るように促した。彼の表情は何かを恐れているようで落ち着きがない。彼にこれらの小さな家について尋ねたが、知らないと言って答えてくれなかった。彼の勧めもあり、昼食の時間でもあったので途中から引き返した。

昼食後、ハーユン・ニャムさんの同行を得て、もう一度林の中に戻った。

彼は、小屋を「墓」だと説明してくれた。村人たちは、あまりこの林には入りたがらないそうだ。二〇〇メートル四方ほどの森には一本の道があり、さらに小さな道が分かれていた。

「マー」

墓地には小さな家がたくさんある。倒れている小屋、崩れかけている小屋、新しい小屋……。それらが動きのない大気の底に伏した死体のように、静かに佇んでいる様子は、まさしく墓地、霊気漂う異界のようだ。しかし、何のために小屋が建てられているのだろうか。

高床式の御霊屋「マー」

「魂の家です」
ハーユン・ニャムさんが教えてくれた。
いちばん新しい墓はわずか二日前に土葬して小屋がつくられていた。木と竹で高床式の小屋をつくり、上るための梯子までついている。屋根は茅葺きの切妻風で、足の部分は割竹で囲いをしている。さらに、小屋の周囲には長方形に垣をめぐらせている。まるで、古代の背の高い出雲大社の社のようだ。

二階の小屋の中には生前使用した寝具、衣類、食器や道具などが安置され、下の囲いの中の土の上には水、食物、野菜、果物、家畜小屋、とくに豚小屋のミニチュアなど、日常生活に必要なものすべてが整えられている。

彼らがいう「魂の家」とは日本風にいえば「御霊屋《みたまや》」のことで、死者の霊が宿る小屋のことである。長方形の高足の小屋は、古代の出雲大社を想像して描く社に似ているような気がする。

駱越の末裔とされている泰族も、六〇歳になると棺を準備する。そして亡くなれば、死体をその棺に入れて墓地に埋葬し、その上に、大人が横たわるに十分な大きさの、背の高い高床式の小屋をつくる。その小屋は朽ちるまで放置される。

ベトナム泰族の人びとは、人間の魂は不滅で、死後肉体から離れて現世に残っているという。死後しばらくの間は、魂が生前と同じようにこの小屋で生活するので、生前使用していたものやそれと同じようなものが置いてある。しかし、やがて肉体から完全に離れ、霊魂となって空中に漂う。墓地の小屋は、そうした霊魂の仮の宿である。肉体から離れた霊魂は森や山や天に住むようになる。ときには祖霊となって村にやって来て、子孫たちと平和に暮らすこともある。

六〇歳以上の人の魂は不滅であると信じる彼らもまた、祖霊信仰の稲作文化を伝承する駱越民族の末裔なのだ。もしかすると、ここの泰族は、漢民族文化や仏教文化に影響を受けている雲南の景洪に住む泰族よりも純粋な越系稲作文化を伝承し続けているのかもしれない。

泰族はチュワン（壮）族と同系の民族で、もともと江南地方に住んでいた人びとである。住む所は変わっても、稲作農耕民の文化的特徴は、稲とともにある限り、今も大して変わることなく守り続けられている。

四　トラジャ族の崖墓の役目

1　稲を携えてきた人びと

インドネシアのスラウェジ（旧セレベス）島の中央高地に、トラジャと呼ばれる民族が住んでいる。トラジャ族は、周囲の諸部族とは異なった風習を持ち、二〇世紀に入るまであまり知られておらず、謎の民族として、その由来は今もはっきりしていない。しかし、私は彼らが越系民族の末裔ではないかと思えてならなかった。

一九八七年一月、私はインドネシアへ旅立った。バリ島から飛行機で約一時間北東に向かうと、南スラウェシの中心地ウジュンパンダという人口七五万の町に着く。通訳兼案内人はイヅロスさん（三七歳）。彼の案内で旅をする。ここから車で約八時間、三〇〇キロほど北へ走ると、タナトラジャと呼ばれる桃源郷のような高地がある。人口約三五万人のトラジャ族は、標高八〇〇〜一〇〇〇メートルの土地に住んでいる。赤道直下でも比較的涼しく、雨期でも午前中に雨が降ることはない。年中初夏のような気候で、稲は年二、三回収穫できる。稲作農耕民にとっては願ったりかなったりの条件で、年中米があるので、どこにでも米倉があり、比較的豊かな生活が保障されている。

近くに標高二〇〇〇メートルもの山があり、高地の中央を流れるサダン川は、年中水が豊かで、大河となってマカッサル海峡に流れ込んでいる。この辺には石灰岩の岩山が多く、谷間には水田が続き、自然環境は中国南部の福建省に似て、緑に覆われ、果物や野草、野鳥が多く、たいへん豊かな大地だ。

この高原地域に住む人びとを、低地のブーキス族が「山の人」という意味で「トラジャ」と呼んだのが名称の始まりとされている。

トラジャ族の社会は、王族、貴族、平民、そしてその下と四つの階級に分かれている。上流階級の人びとは大家族で「トンコナン」と呼ばれる高床式の「家族の家」を中心に何家族もが共同生活をしている。そして、その近くには「アラン」と呼ばれる高床式で四本柱（六本もある）の米倉がある。トンコナンやアランは、屋根が南北に張り出し、船形をしている。多分、これは直射日光の強い高地の人びとが陽射しを避けるために考案した建築様式なのだろう。しかし、民俗学的に考えると、この家形は福建省武夷山にある古代の船棺に類似している。福建省博物館内に展示されている「武夷二号船棺」と比べると、屋根を上蓋、四角の倉を棺と見なせば、基本形は同類だ。文化的に共通するものがあるのかもしれない。

トラジャ族の米倉「アラン」

トラジャには一一の王家（大きな土豪）と三二の小さな土豪がいて、土地を所有している。王家は互いに婚姻関係にあり、ほとんどが親族である。この一一家族は昔から変わりないが、三二家系は多少増減がある。もともとは、これら土豪が土地と人民を所有していたそうだが、一九一四年にオランダの植民地になって以来改革され、今ではその社会形態が崩れている。

私は、サンボリンギ家、サルガロン家、など四つの王家を訪れたが、王家の人びとは比較的肌の色が淡く、目鼻だちがよく、壮族や泰族に似ている。彼らの伝説によると、先祖はウタラ（北）から稲を携えてやって来たことになっており、神聖な方位はウタラで、忌むべき方位は南と西。

一一王家の中でも歴史が古く、大きな家系であるサンボリンギ家は、今の当主が五一代目で、約七〇〇年前から続いている。もう一つのサルガロン家は三四代目だが、途切れたことがあるので、実際には七〇〇年くらい前から続いているとのことだ。不思議なことに、王家の歴史は七〇〇年ほど遡れるが、それ以前は北から来たことだけで他は不明だった。

泰族を王族とした雲南地方の大理王国は、王族、貴族、平民、奴隷からなる封建制度の社会であったが、一二五三年、フビライの率いる蒙古軍の侵略によって滅亡した。その後、王侯貴族は多くの兵士と奴隷を連れて近くを流れるメコン川を船で下り、南へ逃亡した。やがてメコン川沿いの地にシャン、タイなどを建国したのだが、メコン川を下って南シナ海まで逃亡した人びとはいなかったのだろうか。

もしいたとすれば、彼らはきっと、スマトラ、カリマンタン（ボルネオ）、スラウェシ島などの大河を遡っていけば、雲南高地と同じように自然の豊かな大地があることを予測したに違いない。それは、スマトラのバタック族、カリマンタンのダヤック族などが高地に住み、トラジャ族とほぼ同じような風習を持ち、民族的にも類似していることから推察することができる。さもなければ、約六〇〇年前になるが、一三六八年に建国された明朝時代に江南地方または駱越の地から逃亡してきた越系の人びとなのかもしれない。

2　崖墓に光る先祖の目

トラジャ族は、もともと「アールック・ト・ドロ」と呼ばれる祖霊信仰があった。ところが、一九一四年以来、オランダ人によってキリスト教を強いられ、今ではキリスト教徒が七、八〇パーセントを占め、イスラム教徒が一〇パーセント、残りは昔ながらの祖霊信仰である。西洋風の学校教育を受けた人びとにキリスト教徒が多いが、今でも祖霊を信仰している人びとは、葬送の儀式は昔ながらの風習を守り続けている。

トラジャ族は、昔から南の彼方に「プヤ」と呼ばれる来世があり、死後も第二の人生を送ることができると信じている。葬儀は来世のプヤに行くための儀式で、しかも、生贄の家蓄が多いほど、来世で裕福に暮らせるという。だから、「ディラパイ」と呼ばれる王族の葬儀は、一次葬（アルクピア）と二次葬（マパラオ）に分かれ、水牛が何十頭も生贄になり、たいへん盛大に行なわれる。

ノノガン地方の王家であるブンブガン家では、年長者が亡くなった場合、次のような葬儀を執り行なう。

死者が出ると、遺体をまず南枕に寝かせ、ドラを鳴らして村人に知らせる。そして、近親者がやって来て身体を水で洗い清めて正装させ、家の入口に三日間座らせて人びとに別れを告げさせる。この間、近親者は水牛・豚・鶏などの家畜を持って弔いに参集する。たくさんの人が集まって告別の歌と踊りが繰り広げられる。この一次葬の間に、家族や近親者の話し合いで、都合のよい二次葬の日程が決められる。たいてい五、六ヵ月から二、三年後である。この二次葬の決め方と期間は、ナガ高地に住むコニャック族の王家やメガラヤ高地のカシ族とほぼ同じだ。

布で巻かれた遺体は一次葬の後、家の近くにつくられた小屋に安置される。遺体は、肉の腐ったところに竹筒を差し込み、水分と腐肉を体外に流し出すことを繰り返すうちに、骨と皮だけになってミイラ化する。コニャック族やカシ族の場合は、森の中に高さ三メートルの台をつくって安置し、自然に白骨化させる。これらは、壮族の一次葬とも類似する「風葬」である。

二次葬が始まる前に、近親者や遠くからの来客が一週間ほど泊まる家「ランタン」が「ランテ」と呼ばれる特定の葬式広場の周囲に幾棟も建てられ、副葬用の木偶（木彫りの人形）「タウタウ」がつくられ、遺体を安置する岩穴が、石灰岩の絶壁につくられる。これらの準備が整う必要があるので、二次葬までには、少なくても五、六ヵ月を要する。

二次葬が始まると、ミイラ化した遺体を赤と黒の布で巻いて、金銀装飾品とともに棺に入れる。そして、家からランテまで、水牛を先頭に隊列が組まれる。男たちが「パランディ」と呼ばれる戦いの踊りを踊りながら行進する後に、棺を担ぐ人が進み、タウタウ、供物が続く。その後に赤い布を頭にかけた遺族と参列者が行列をなす。隊列はにぎやかにランテに入り、棺は「ラキアン」と呼ばれる家に安置される。二次葬には数千人、多いと一万人以上の人が集い、お祭りのように騒がしい。まさしく南のプヤに旅立つ門出の祝いなのだ。

ランテには「シンブアン」と呼ばれる、先祖代々の記念の石柱が立ち並んでいる。ランテの周囲に建てられたすべての家の正面には、赤、白、黄、黒の四色からなるウキラン彫りと呼ばれている彩色彫刻が、豪家に飾られている。赤は血、白は骨、黄は神々、黒は死を表す。また、他の表現をするなら、赤と白は人間、黄と黒は葬儀を意味する。

四日間続く葬儀の間、親族や多くの人が参集し、野辺送りの歌や、死者を称える踊りが続き、余興の闘牛が催され、何十頭もの水牛や豚、無数の鶏が生贄に捧げられる。そして、参集した人すべてに振る舞われ、たいへん盛大に二次葬が執り行なわれる。この間、遺族は米や肉類を口にすることはできず、とうもろこしと果物しか食べられない。こうした二次葬の雰囲気は畲族の葬式やナガ高地の振る舞いに通じている。

そして、五日目から六日目に「マティゴロ」と呼ばれる特定の人が、水牛を一頭生贄にし、棺とタウタウを墓地（崖の穴）に運んで安置することによって「ランブソロ」と呼ばれる長い葬送の儀式が終了する。

「リアンパ」と呼ばれる絶壁の墓（崖墓）の高い岩穴に、竹製の梯子をつくって棺を上げて安置し、副葬のタウタウをバルコニー風の窓に、先祖たちの木隅と並べて立てる。

遺体や遺骨を、村が一望できる絶壁の高い岩穴に安置し、祖霊とともに生きようとする崖墓の風習は南中国の壮族にも見られ、岩山の穴に遺体を安置する風習は、ナガ高地のチャン族にも見られる。最も古いのは福建省武夷山地方にある船棺を安置した崖墓である。

崖墓に並ぶ木偶

農耕用に使役される水牛が豊かさの象徴で貨幣のように取り扱われたり、その頭蓋骨がスティタスシンボルとされて軒に飾られたり、あらゆる儀式の生贄にされるのは、ナガ高地と全く同じだ。また、巨石文化でもある記念石を建立する風習もナガ高地のチャカサン族やアンガミ族に類似している。二次葬の風習はナガ高地から壮族自治区、そして琉球列島にまで続いている。

いずれも、江南稲作文化の特徴である祖霊信仰の表現方法であるが、トラジャの人びとの崖墓が、最も祖先愛、人類愛に満ちているように感じられる。村を見下ろす崖墓のバルコニー風の窓に並んだ多くの木偶が前に手を差し伸べ、何かを語りかけているような様子は、一見奇異に思われるが、先祖霊とともに生きる子孫たちの大いなる心の表現だとすると、これこそ母なる慈愛を与えようとする人類愛の最高の文化だ。

彼らは、数百年も前からの無数の木偶の衣服を、何年かごとに着せ替える。同系の家族は、死後、すべての者がふる里に戻り、同じところに集うとされているが、迎え入れようとする木偶たちのしぐさや表情がそれを象徴している。

村を一望する絶壁に立つ木偶の貝を象嵌した白く光る二つの目は、遠くからでもよく見える。その目は、村への悪霊の侵入を防ぎ、外敵を威嚇し、不和の起こらないよう見守っているという。

紀元前五世紀頃から紀元一五世紀頃までの約二〇〇〇年に及ぶ中国大陸揚子江下流域の民族間の戦いは、江南稲作文化の拡散の原動力になった。大陸での民族闘争は、巨大なエネルギーで民族の移動を促す。その力の波動は、いろいろな民族や人びとを玉突き状に移動させ、はるか遠くまで影響を及ぼす。

紀元前三世紀末から始まった、漢民族の江南地方への侵入は江南地方で稲に出合った人びとを、南はインドネシア、西はインド、アッサム地方にまで移動させる原動力になった。

稲作農耕文化の一つである祖霊信仰を創造するきっかけになる二次葬の崖墓の発祥地は、福建省の武夷山。その流れを汲む江西省東部上清溪の春秋戦国崖墓。そして、今も行なわれている広西壮族自治区の崖墓。それにトラジャ族の木偶が居並ぶ崖墓。これらは、古代から女が中心となって脈々と続けてきた祖霊信仰の象徴的な風習なのである。

五　男を強くしてきた女の願い

1　稲を守り育てる女

稲という植物を栽培することによって生計を立てる稲作農耕民たちは、古くから定住し、自然の時の流れに従って大地とともに生活してきた。豊かな自然とともに安定した生活を営んできた稲作農耕民は、母親中心的な社会を形成し、発展させてきた。

中国南部にある広西壮族自治区の融水県融水の苗族に、稲には「稲魂《ミクナイ》」があるので大切にしないといけないという伝説がある。

「昔々、あるところに兄弟がいました。兄の嫁は籾をあまり大切にせず、落ちていても拾い上げようともしませんでした。稲魂は、そんな兄嫁の心掛けが気に入らず、怒って逃げ出しました。すると、兄の家は次第に米の収穫が減って貧乏になってしまいました。

一方、弟の嫁は、籾が一粒落ちていても拾い上げ、大切に扱いましたので、稲魂はたいへん喜んで、弟の家にはいつまでもとどまっていました。弟の家は、年々稲の収穫が多くなって、やがて金持ちになり、家族仲良く暮らしました」

稲に穀霊があることは、日本や中国南部、東南アジアでもよく知られたことである。収穫儀礼や初穂儀礼、新嘗のときに行なわれる「抜穂行事」は、母稲から得た出誕したばかりの「米の嬰児」と見なし、女性が抜穂を大切に扱う習慣である。

稲魂のある抜穂を米の嬰児として寝具の上に置いて、主婦が添い寝をして一夜を過ごし、産婦として出産擬態を演じることは、谷川健一著『大嘗祭の成立』の中にも書いてある。

米と女性の関係は、日本の「ウブ神」にも表れている。宮田登著『神の民俗誌』に次のように書いてある。

「産神は、ウブカミにあてはめた表現である。出産つまり生ムとウブあるいはオブとは同じ語源だといわれている。ウブすなわち出産こそ、生命誕生をもたらす厳粛な行為であったから、そこに人間を超える力が働くと考えるのは自然の理であった。その際、危機状況にある生命に対し、特別な扱いを果たしてくれるのがウブカミであった。

ウブ神は、産屋に来臨する神霊であり、具体的な姿をとっていない。いわんや神道で定める神位神階なども持たない。

出産するとすぐに炊かれる米の飯を産飯というが、これはまずウブ神に捧げるものだった。同時に米の飯は妊娠と生児に対して、悪霊を除くために特別の呪力を発揮するものと考えられていたようだ。産飯はさらに、近隣や身内の女性に限って、一緒に共食してもらうという地域もあった。別称力飯ともいうのは、霊力ある米粒に対するものともいえる」

女性の出産と米は、稲魂の存在を具体化し、日常生活の女性文化としての稲作農耕民の世界に伝承されてきた。

農耕民にとっての土地の神は、豊穣を意味する妊婦で表現された。稲の豊作は、生殖能力の高い女性の力で産み出すことによって達成されるという考えが、女性の出産の守り神、ウブ神の化身ともなった。

私は江南地方から東南アジア、南アジアにかけて、二十数年間稲作農業地帯を踏査した。農民たちの働きぶりを各地で見たが、日本以外の男性はあまり根気よく働いていると思えなかった。とくに母系社会のカシ族や泰族の男性は、労働意欲が女性より強いとは思えない。その反面、女性は、稲作農業地帯のどこへ行ってもよく働いている。

稲作農耕民は、もともと母系社会的な生活文化を培ってきたので、女性は個人的にも社会的にも労働意欲が強く、家族は女性の手によって支えられていた。その名残が今もまだ残っている。

稲の籾蒔き、田植え、草取り、刈り取り、脱穀、精米に至るまで、ほとんど女の手によることが多い。男は女の補助的な手伝い仕事をし、村の集会や交渉事に精を出す。家事全般を扱って精を出して働いているのはたいていどこでも女である。その女たちが、稲に関する祭りや年中行事、儀式などの裏方をすべて仕切り、男は外面的、外交的、そして、力のいる肉体的なことを中心に考えている。まさしく、子どもを育てるように稲を栽培し、稲作文化を伝承してきたのは女たちであった。

ベトナム泰族の代掻き

ベトナム泰族の種まき

食料として最も大切な「米」に対して、稲作農耕民の女性は「わが子」と同じ母性愛を感じるとされたのにちがいない。それが愛しむように稲草を育て、収穫された籾や米を大切に扱うことにも通じているとされたのだろう。

「原始、女性は太陽であった！」

よく使われる言葉だが、狩猟採集や遊牧民族文化の女性が叫ぶと「そうかなあ？」と考えてしまうが、稲作農耕民族文化の女性が叫ぶと「そうだ、その通りだ」と同意せざるを得ない。

2　母親が男の子を強くした

動物の多くは母親を中心とする母系社会で、人間も放置すれば母系社会になりがちである。自分の胎内に十ヵ月もいた子を産む女の本能は母性愛だと言われている。しかも非活動的で単面的な行動をしがちな安定指向で、幼児の食糧を内在し、子を育てるには好都合にできている。ところが男は、子を産む肉体的機能を持っていないし、子を育てるための食糧を内在してもいない。

幼少年期の大半を母親とともに暮らす子どもたちは、母親からあらゆることを学ぶ。一種のすりこみ現象で、母親の生活文化が伝承されがちになるのである。

腕力的には強く、外に出がちで活動的な男が、幼少年者を文字や言葉で教育しようといかに努力しても、母親の影響力には及ばなかったということである。

南中国、江南地方の農耕民は、古代から谷間や山麓の清水の豊かな地域に定住し、厭地性の少ない稲を栽培する生活形態になじんできた。そのため、非活動的、安定型指向の女性が社会的影響力を強め、母系社会的な文化を培い、発展させた。

中国大陸中央から北方の寒冷・乾燥地帯に住む遊牧民や狩猟採集民は、自然環境が厳く季節や獲物を追いかける生活形態をとらざるを得なかったので、活動的で冒険型指向の男性が社会的影響力を強め、父系社会的な文化を培い、発展させてきた。ところが、闘争的な不安定社会における女性の弱さと、非活動的で保守的な女性が利己的になりがちなことから、男性が女性を形式的に尊重する風習を培うようになった。しかし、女が社会的に強かったわけではない。それは、母系社会では男をより強くしようとし、父系社会では女をより大切にしようとする、社会の安定と継続を願う人類共通の文化でもあった。

大陸では、古代から民族や部族間の戦争が絶えなかった。とくに、遊牧民族は移動が容易なため、略奪戦争をよくしかけた。彼らは馬を足とし、武器としたので戦い方が上手で、少人数で定住民族社会を蹂躙することができた。支配者となった彼らは、支配下の男性を殺戮し、現地の女を妻とした。しかし、支配者の男がどんなに頑張っても、三代目には文化的に地元に先祖戻りした。それは、文化の伝承者が母親である女性であったからだ。不安定な遊牧民社会の男は、動物的に弱い女を身近にとどめておき、社会的関係を守るために常に意識していなければならなかった。

稲作農耕民の定住・安定型社会では、家庭的な母親である女を中心にして小社会が営まれたので、父親である男は外に出歩いて比較的気楽な社会生活を営み、遊牧民の男よりも非戦闘的で、娯楽的なことを好む風習を身につけていた。しかし、北方からの活力ある父系社会的刺激によって、社会の発展と継続性を願うようになり、母系的な稲作農耕民も徐々に父系的社会へと移行した。

女の本性には、月に一度身体に変調を来たし、感情の激しいときがある。これはより多くの人びとに対応したり、感覚を平常に保つ必要のある社会的な面からすると、男に比べて弱点にもなった。

母系的な稲作農耕民の社会は、人口が増えて文明が発達し、文化が向上するに従って、母性的、近視眼的、安定的な女が中心になって維持するには荷が重すぎるようになり、社会的に弱い男を強くする必要性に迫られた。

本来男は、肉体の変化や感情の起伏が少なく、しかも活動的で、感情の切り換えが女よりもたやすく、積極的で遠視眼的な特質を持っている。

私たちがいつの時代にも忘れてならないことは、動物としての自然の法則である。その法則による雌としての女性は男性に比べ、非活動的で保守的な行動をしがちな安定指向で、胎内に子を宿し、乳を与える機能を持っているが、雄である男性は女性に比べ、活動的で冒険的な行動をしがちな不安定指向で、子を産む肉体的機能を持ってはいない。

人類の雌である女性と、雄である男性というのは、社会的動物用語であり、少女、娘、女や少年、青年、男というのは動物的社会用語である。そして、母や父という言葉は、文化的社会用語なのである。

こうした女と男が、母親と父親になる過程において、大きな違いがある。

世の知恵者たちは、青年に「お前は男だ。お前は強いんだ」の倫理を教えるようになった。それが母親が中心に行なってきた家庭教育における「しつけ」の一部になり、地域社会における祭りや年中行事、その他の儀式などを通じて男が中心になって行なわれる社会教育となり、徐々に父系社会がつくり上げられた。

定住する稲作農耕民の父系社会は、生物的に強い女性と弱い男性が、安定した社会を継続させる知恵として、社会的に強い女性が弱い男性を、家庭教育や社会教育によって、社会的、作為的に強くした、文化的な社会なのである。だから、男性の幼少時に倫理的教育をしないで放置すれば、男が社会的に弱くなって自動的に母親中心的社会に戻る。いつの時代も、母親の願いは、男の子をしっかりしつけて、より強い男になってもらうことであった。

3　女が好む信頼社会

社会とは、共通性のある個人が信頼によって、または規約の下に集い合っている状態のことであるが、学問的には契約社会と身分社会に区別されている。

不信社会でもある「契約社会」は、個人の立場で約束ごとによって成り立っている社会で、法律や契約、神、金銭などを介して維持される。経済的には「新しい社会」ともいわれるが、どちらかといえば遊牧民的社会のことである。

信頼社会でもある「身分社会」は親子、地位、血縁、親分・子分などによって成り立っている社会で、道徳や伝統、風習などによって維持されている。経済学的には「古い社会」ともいわれるが、どちらかといえば稲作農耕民的社会のことであり、日本は世界で最も発展した信頼社会であった。しかし、文明化によって不信社会へと変わりつつある。

このような社会分類は、欧米の遊牧民的発想による経済学者の経済社会学的論理でしかなく、人類の幸福、社会の安定継続や平和の点から論じたものではない。私がこれまで三七年間に訪れた世界一三四カ国の多くの人びとの理想とする社会は「信頼社会」であった。

どちらの社会がよいとは断言できないが、両方のよい点を生かす社会が理想のように思える。

稲という植物によって支えられてきた稲作農耕民の生活形態の特徴を知るためには、家畜という動物によって支えられてきた牧畜民の生活形態の特徴と比較すれば、より鮮明になりやすい。

そこで、母系的な稲作農耕民と父系的な牧畜民の特徴を対比すると、次のようになる。

稲作農耕民の特徴	牧畜民の特徴
①身分社会	①契約社会

②権力は大地の広さによる	②権力は人の頭数による
③植物（稲）を栽培する	③動物（家畜）を放牧する
④季節に従う生活（自然共生型）	④季節を追う生活（自然征服型）
⑤安定型住居	⑤移動型住居
⑦閉鎖的で戦争下手	⑦開放的で戦争上手
⑧安定型社会（全体主義）	⑧不安定型社会（個人主義）
⑨保守的発想	⑨改革的発想
⑩穀物や野菜、果物をよく食べる	⑩肉や乳製品をよく食べる
⑪発酵・漬物食品が多い	⑪乾燥・燻製食品が多い
⑫酒、焼酎をよく飲む	⑫発酵飲料や茶湯をよく飲む
⑬男女の区別が強い	⑬男女の区別が弱い
⑭祖霊信仰	⑭精霊信仰
⑮墓地がある	⑮墓地がない
⑯移動は歩行又は船	⑯移動は家畜（馬）又は車

いずれの社会的特徴も自然環境がなせる業で、長い人類史の過程の中で培われたものである。ただ、稲作農耕民は女性中心的に培われ、遊牧民社会は男性中心的に培われたものである。ただし、その生活文化を守り伝えたのは、母系社会であれ父系社会であれ、子どもを産み、育てた

母親である女であった。とくに稲草とその実の米を中心に生活文化が培われた稲作農耕民社会では、母親中心的な信頼社会が営まれ、母親は太陽のごとき存在であった。その女である母親たちが男の子を強く育てようとしてきたのは、安定した信頼社会を願うからであった。

六　祖霊を祀る人びととの心意気

1　仙人を創造した人びと

仙人は悪いことをしない。いつも穏やかに振る舞い、物事には公平で、私たちが困るといつでも助けにきてくれる。

その容姿は、白衣を身につけ、白髪で、長寿の仙薬を瓢箪に入れて杖に吊るしている。大きな山の頂上近くに住んでいるが、住居、飲食物や衣類などにはあまりこだわらず、一人で禁欲的に生活している。ときには、山里に降りて来て、ごく普通の老人の姿で、飄々と歩いている。

何時間歩いても疲れず、ときには空中を飛び、ときには姿を変え、風や雲のように神出鬼没で、しかも何百年もの間生き続けている。まるで孫悟空のような神通力を持った白髪の老人が仙人なのだ。

私は、そんな「仙人」を伝説や物語の中ではよく聞き知っているが、まだ会ったことも見かけたこともない。

しかし、この二十数年間、「稲作文化の原郷」を求めて、中国大陸南部の稲作農業地帯を踏査しているうちに、数千年もの長きにわたって稲作農業を見守ってくれた仙人が、本当にいたのではないかと思えるようになった。

仙人は、東シナ海に面した中国大陸東海岸に古くからあった「神仙思想」に基づく架空の存在ではあるが、神も仏も思想も、論理のすべてが人間の思考力や創造力によるもので、あるといえばある、ないといえばない。

稲作農耕民にとって、仙人はあったほうがよかった。彼らは、先祖の霊を仙人とし、神として稲作文化を発展・向上させてきた。

人が死ぬと肉体と魂に分離し、霊力の強い魂は天界に還り、住まいを深山幽谷とし、肉体は土に戻り自然となる。天界に浮遊する魂が形をなしたのが「仙人」なのだ。しかも、私たちの要望に応じて、すなわち招魂再生によって現れる姿なのである。

人は、生まれて、病み苦しんで、悩んで、老いて一〇〇歳まで生きることを最高の喜びとし、一〇〇歳以上は神の世界、すなわち「仙人」になれると見なしてきた。まさしく、六〇年以上も生きた先祖、親は、天の神への使者として子や孫などの子孫にとって最も頼もしい存在だった。

それは、日本でも同じことである。私の祖母は、九一年二月一日に一〇二歳で亡くなった。中国南部の湖南省の長沙にいるときで、葬式に参列することはできなかったが、肉親は向こう鉢巻で、棺に結んだ紅白の紐を引いて墓地に向かったという。これは、神の世界に入る人の葬送の祝い行事の習慣なのだが、滅多に見ることはできない。

人が一〇〇歳まで生きることは、人生という一大事業の完結を意味する。それは、子や孫、曾孫に至るまでのたくさんの生命を与え、いろいろな体験を通じて、なすことによって学んだ生活の知恵、文化を多くの人に伝え、多大な恩恵をもたらしてきたことの終焉なのである。

2 子孫たちの願い

日本では、先祖の概念には、近い先祖、家の遠祖などが混然と包括されているが、先祖または先祖と信じているものの霊を祭る行事を「先祖祭」と呼んでいる。また、屋敷神、同族神、部落鎮守、古墓などの祭りも先祖祭と考えられている。

最も一般的なのが、正月と盆の祖霊祭である。盆祭は、仏教行事と重なっているので理解され難いが、輪廻転生の仏教には祖霊崇拝はない。

祖霊崇拝の稲作農耕の人びとは、先祖の霊が再び子孫の村々に戻って、その吉凶や幸福を見守るものと考え、それを祀るのである。

稲作農耕民たちは、こうした祖霊をいつしか「神」と崇めるようになり、祖霊信迎という社会形態が一層組織化され、豊作祈願の「夏祭り」や収獲感謝祭の「秋祭り」、そしていろいろな神や道具への感謝の気持ちを表現する年中行事へと発展した。

神の発生にはいろいろあるが、我々が困ったとき、人が自身を超越するもの、不可知なものの存在に気づくことなどで、神の所産とする概念は、すでに原始時代において発生している。つまり、人を取り巻く自然を神の所産と考えること、また、人間の共同体の始原者、主宰者または保護者である神を考えることに始まる、とされている。

各宗教で神は種々な形態を持つが、キリスト教、ユダヤ教、イスラム教などの一神論的神、ゾロアスター教の二神論的神、古代ギリシアや日本神道などの多神論的な神などがある。

神の定義は困難だが、本居宣長は「尋常ならずすぐれた徳のありて、可畏き物」としている。自然神であれ人格神であれ、異常な力や現象の中にこそ神の存在が認められたのだろう。神という概念の適用を受ける共通性は、畏怖と畏敬と親和の感情を抱かせることである。

日本では、もっぱら霊魂を「神」と呼びならわしてきた。祖霊も含めての霊魂信仰の考え方では、霊魂は不滅の存在であり、その一部が物や人に宿っている間は、その物や人に生命があると見られた。

祖霊が農耕儀礼や年中行事の折に、子孫の生活を見守るために人里を訪れ、年神、水神、山の神、田の神、家の神というような、多くの機能神に分化独立している。また、優れた地位にあった人や人徳を持っていた人、あるいは逆に、怨みを持ったまま死んだものの霊を神にまつることがあり、日本の神はきわめて複雑な様相を呈している。

稲作農耕民たちは「人は死ねばごみ（土）になる」という唯物論的な考えではなく、神にもなり得るという唯心論的な考えを培って、強い人類愛を持ち、六〇年以上も生きた親が亡くなった後、子孫はその徳を慕い、あやかろうとした。とくに、稲を栽培する際の天災や病害虫、水不足に悩み、苦しみに耐えがたいとき、子孫たちは祖父母や親の霊を呼び、助けを求めた。その求めに応えてくれそうな祖霊は神なのだ。

定住社会の稲作農耕民たちは、生活のすべてである稲の栽培において起こり得る困難に対応するために、寄り集まって相談し、周知のよりよい先祖の霊を神として招き、祈ることによって助けを求める方法、祖霊神・氏神を考案した。

ベトナム・ムオン族の祖霊神の神棚

わが国固有の氏神信仰である神道は、天照大神への尊崇を中心とするものだが、古来の民間信仰が外来思想である儒教、仏教、道教などの影響を受けつつ成立し、理論化されたものであるという。

しかし、神道には教義がないので確立された宗教とは言い難い。むしろ、稲作農耕民の生活の知恵・生き方の道理・風俗習慣・価値観とした方がよいのかもしれない。

神道における氏神は、氏の先祖の霊を神として祭ったもので、日本最古の神像は、京都の松尾大社に祀られた神像で、平安時代初期（七九〇年頃）につくられたものとされている。

道教は中国土着の宗教で、江南地方に古くからある原始的な自然宗教に発する多神教である。そのため、目に見えない神、型がない神に、現世的な幸福や不老長生を、護符や祈禱《きとう》、まじないなどを行なうことによって求めた。

神道は、祖霊崇拝で招魂再生の儒教と、精霊崇拝で、符呪、祈禱などによって不老長生を求める道教の影響を受け、精霊と祖霊をともに崇拝し、自然・神・人の一体化を求めた。精霊と一体化した祖霊は、子孫が必要としないときには、森の中、山の上、そして天にいると考えることによって、あらゆる自然現象が神の仕業となる。人・神・自然の一体感こそ稲作農耕民の人生哲学であり、生き方であった。

誰しもがより長く、よりよく生き、祖霊のいる神の世界に入って、天に還ることを望んで生きる努力をしてきた。その理念こそが、子々孫々に至る今日まで、人を神にして天に還す、稲作農耕民の最高の文化であったのである。

3 去来する祖霊神に運を託して

私たちは、正月の神を「年神様」と呼んでいる。年の境に人里を来訪する霊威の強い神で、門松を依代として家々に迎え、屋内では神棚を設けてまつる。供物は鏡餅が主だが、米、干柿、昆布、栗、するめ、エビなども供える。供物の下には、裏白やゆずり葉などを敷く。

私たちの先祖は、正月の年神様は松に憑いて家々に迎えられると思っていたのか、門松を暮れの十三日とか二十日、もっと遅いところでは二十八日、二十九日頃に山に取りに行くことを「松迎え」と呼んでいた。

これは、山から年神の霊を迎える儀式で、正月の三ケ日は、飯や煮しめ、雑煮、甘酒などを入れた膳を供え、人間と同じような扱いをする。

折口信夫は「年神は、半ば神で、半ば祖先の魂と言った形をとっている。古代の人は良い魂と悪い魂と言うよりも、身体につくとその人の威力となる魂と、病的な禍の源となる魂があると考えていた」といっている。

正月の祭りは、よい魂をつけ、健康・幸福が増進するための儀式なのである。その魂の象徴が女がつくる鏡餅や握り飯・団子・甘酒など米でつくったものであった。

年神からの賜《たまもの》である「トシダマ」は、餅のことだといわれている。大晦日に年神様が「トシダマ」、すなわち餅を配るともいわれている。このトシダマは、民俗学的にはトシ（米）のタマ（魂）のことで、穀霊を意味したものである。万葉時代の古い言葉では、米のことを「トシ」ともいったそうで、トシダマの象徴が、米であり、餅であり、握り飯であったということができる。

牧田茂は著書『神と祭りと日本人』の中で、「トシダマはトシ、つまり米をつくるのに必要な威力・霊力であった。これがないと、人のからだに魂の入っていないときのように、ものの役に立たない。米を作ることができないのである。これは新しい年ごとに迎えることが必要だと考えられていた」といっている。また、「タマがからだから脱け出せば、死んだり虚脱状態になってしまうと考えられていた。そのタマをからだにつけるのが〝ムスビ〟であり、からだから脱け出さないようにしておくのが〝鎮魂〟である」ともいっている。

「餅を的にして矢を射たところ白鳥に化して飛んだという話は、白鳥が霊魂を搬ぶ鳥であったことを仲介にして、餅が魂の象徴であるという説に結びついてくる。米や米でつくられた餅・団子・握りめしなどの食品が穀霊の象徴であることは、ごく自然の考えである」

牧田茂はこのようにトシダマを表現している。とすると、トシダマ・年玉・お年玉の原点は、年神様がもたらした餅や握り飯のことだ。

年神様は、毎年一～二回山から里にやって来て、一人一人に元気の出るよい魂を分け与えているのである。それは日本人の先祖たちが、生き物の魂は日がたつと古くなり威力が弱くなるので、正月祭りによってエネルギーを注入したり、更新する必要があると考えていたからである。大晦日に各家庭にやって来た「年神様」は、一月十五日の小正月に、どんど焼きの煙に乗って帰る。私たちはどこへ帰るかは知らないが、多分天か山の上のほうだろうと思っている。

私は、幼少年時代に故郷の小川の堤の枯れ草に火を点し、川原に持ち寄った門松を焼いて、丸い小さな鏡餅を焼いて食べた。走り回り、大騒ぎしているうちに次々に焼ける。火の中に投げ込んでいたので、煤けて黒くなる。それを兄弟や村の子どもたちと分け合って食べる。口の周りを黒くして、ふうふう吹きながら、黒く煤けた餅を無中で食べた。

「どんど焼きの餅を食うと風邪をひかないぞ」

大人たちが笑いながら言った。

小正月の夕方、野焼きをした煙に乗って年神様が帰って行くことは、ずっと後になって知った。

私たちの先祖は、祖霊を神として、一年を稲作中心に考えていたのか、正月に祖霊神が帰ってきて、子孫に活力を与え、稲の種籾にしっかりと穀霊を与えてくれるものだと信じていた。

そして、半月ほど里にいた祖霊神、年神様、正月様は、「よいか、今年もしっかりやるんだぞ」と言いおいて、山に、もしかすると山の上空の天に帰って行ったのかもしれない。

私たちは、去来する祖霊神に運を託して新しい年を迎え、一年をよりよく生きようとしていた。とくに、子どもを産み育てる女たちは、男よりも一層強く祖霊神に依頼する心が強く、その儀礼を守り続けてきたのである。

参考文献（著者五十音順）

伊藤清司『中国民話の旅から』、日本放送出版協会、一九八五年
上山春平『照葉樹林文化』、中央公論社、一九六九年
梅原　猛『「森の思想」が人類を救う』、小学館、一九九一年
大林太良『日本神話の起源』、角川書店、一九七三年
小野重朗『田の神サア百体』、西日本新聞社、一九七九年
川村湊・諏訪春雄編『アジア稲作文化と日本』、雄山閣出版、一九九六年
佐伯有清『古代の東アジアと日本』、教育社、一九八二年
阪本寧男『モチの文化誌』、中央公論社、一九八九年
谷川健一『大嘗祭の成立』、小学館、一九九〇年
千葉徳爾『女房と山の神』、堺屋図書、一九八三年
中嶋嶺雄『中国』、中央公論社、一九八二年
菱沼　勇『日本の自然神』、有峰書店新社、一九八五年
平野仁啓『日本の神々』、講談社、一九八二年
牧田　茂『神と祭りと日本人』、講談社、一九七二年
宮田　登『神の民俗誌』、岩波書店、一九八〇年（第3刷）
宮田　登『ヒメの民俗学』、青土社、一九八七年
宮田　登『正月とハレの日の民俗学』、大和書房、一九九七年
森田勇造『日本人の源流を求めて』、講談社、一九七三年
森田勇造『日本人の源流』、冬樹社、一九八〇年
森田勇造『シルクロードに生きる』、学習研究社、一九八二年
森田勇造『「倭人」の源流を求めて』、講談社、一九八二年
森田勇造『秘境ナガ高地探検記』、東京新聞出版局、一九八四年
森田勇造『アジア大踏査行』、日本文芸社、一九八七年
森田勇造『江南紀行』、東京図書出版会、二〇〇〇年
吉野裕子『大嘗祭』、弘文堂、一九八七年
渡部忠世『稲の道』、日本放送出版協会、一九七九年（第4刷）
渡部忠世『アジア稲作文化への旅』、日本放送出版協会、一九八七年
渡部忠世『日本のコメはどこから来たのか』、ＰＨＰ研究所、一九九〇年

あとがき

　日本は南北に長い列島国で雨が多い。厭地性の少ない稲は、その日本の自然環境によく適応し、何百年、何千年間も同じ田圃で栽培され続けてきた。

　稲は奈良、平安時代から千数百年もの長い間にわたって日本人を束ね、文化を育み、食生活を豊かにし続けてきた。極論すれば、稲が日本人たらしめてきたともいえる。その実である米は、単に主食というだけではなく、食生活や風習、価値観などにも大きな影響力をもっていた。日本では米や麦、粟、稗、豆などの五穀が食べられてきたが、古くから米を頂点とする文化体系が組まれていた。また、七世紀末に日本が建国されて以来、税としての米や貨幣米として国家に管理されてもいた。

　稲のような一つの栽培植物によって、民族がほぼ統一されてきた国は、日本以外に世界中どこにもない。だからそのことを具体的に説明しない限り、他国の人びとに日本文化の成り立ちや、日本人と稲とのかかわりを理解してもらうことはできない。

　稲は多年草であるが、毎年定期的に植えては刈り取られるので、日本人にとって最も身近にある植物であった。そして、稲作農業の生産過程の種籾、代掻、苗代、早苗、田植え、青田、黄金色の稲穂、稲刈り、稲架け、脱穀、わらぐろ（わらにお）、切り株田などの仕事や風景は、季節感や自然を具体的に教えてくれ、一年という時の流れを伝えてくれた。

また、稲の豊作を願い、病害虫を恐れ、収穫を神に感謝することによって予祝行事や祭り、年中行事などが発生し、今日まで続けられてきた。

主食である米は、炊いたり蒸して食べるだけではなく、餅、団子、せんべいなどにして食べたり、酒、焼酎、酢などの原料にもなった。

それればかりか、抽象的な精神世界にまで影響し、価値観、生活態度、思想、行儀作法などにもかかわりがあり、神祭りとしても貴重なものであった。

稲わらでは、筵《むしろ》、ふご（ほご）、草履《ぞうり》、わらじ、わら沓、俵、わら縄、わら帚、畳など、多くのものが作られてきた。しかし、現在、日本には使えるわらがない。日本人の生活に今でも大変重要な畳は、日本の稲わらが使えないので、韓国や台湾、中国のものを輸入している。

稲は単なる農作物ではなく、自然とともに生きてきた日本人に喜びや悲しみ、恐れや希望、季節や故郷などを与えてくれる付加価値もあったが、今は米が単に食料として用いられるだけのようになってきている。日本人にとって、資源としての稲の存在価値が二分の一にも三分の一にも減少しているのである。

人間は、古代より食べ物を採ったり、栽培したり、保存したり、料理したりすることによって、自分たちの生活文化を伝える機会と場としてきた。つまり、農業は食料を生産するだけではなく、生命のあるものを育み、食べることによって感性をも培う人づくりの現場でもあった。その理念は、工業化が進んだ現代でも、多くの国、とくに伝統を重んじるヨーロッパ諸国の人びとにはまだ忘れられていない。しかし、経済的効率中心のアメリカ型の工業化を重視した戦後の日本は、農業を食料生産の手段とし、稲を米のなる草と化してきた。だが、今やそうした経済中心的な考え方では通用しない社会になり、農業とは何かを再確認する必要に迫られている。

昔も今も、そしてこれからも、農業は単に食料を生産するだけではなく、直接体験によって、創造力や活力を培う人づくりの現場であることに変わりはない。そして、稲作農業の社会的目的は①国土保全、②国民育成、③食糧生産などであることを忘れてはならないのである。

そんな思いから、長い間アジアの稲作農業地帯を踏査し、日本の稲作文化を考えながら原稿を書き溜めてきた。そして、その集大成として四年前に「稲作文化の源流を求めて」という標題でまとめると、四〇〇字詰め原稿用紙に六五〇枚にもなった。ところが、長すぎてどこも出版してくれなかったので、二年前に「江南紀行」と「母系社会探訪記」の二部作に分けた。江南紀行を先に出版したが、母系社会の方はなかなか出版できないままであった。そこで、「日本文化の源流を求めて」と改題し、原稿に再度手を加えた。そして本年再び手を加え、『アジア稲作文化紀行——女たちの祈りと祭りの日々』としてやっと出版できる運びとなった。

日本の稲作文化の源流を求める、私の二十数年来の踏査旅行は、先に出版した『江南紀行』（東京図書出版会刊、星雲社発売）と本書をもってほぼ終了する。

なお、本書を出版するにあたり、雄山閣出版取締役の佐野昭吉編集長、編集を担当してくださった長津忠さんにたいへんお世話になったことに、心からお礼を申し上げる。そして、拙著が、読者の皆さんに「稲作文化」を考えてもらえるきっかけとなれば幸いである。

平成十三年三月三日夜

杉並区上荻にて

森田　勇造

◇著者略歴◇

森田　勇造（もりた　ゆうぞう）

1940年高知県宿毛市に生まれる。1964年以来、世界の諸民族の踏査を続ける。同時に教育人類学による野外文化教育の研究と啓発・実践に努める。社団法人青少年交友協会理事長、野外文化教育学会会長。国立信州高遠少年自然の家所長。おもな著書に『日本人の源流を求めて』『秘境ナガ高地探検記』『アジア大踏査行』『江南紀行』『野外文化教育入門』など多数ある。

アジア稲作文化紀行《いなさくぶんかきこう》――女《おんな》たちの祈《いの》りと祭《まつ》りの日々《ひび》

平成13年5月10日印刷
平成13年5月20日発行

検印省略

著　者　森田　勇造

発行者　長坂　慶子

発行所　雄山閣出版株式会社

住所　東京都千代田区富士見2-6-9

電話　03(3262)3231　振替　00130-5-1685

本文印刷　三美印刷株式会社

カバー印刷　開成印刷株式会社

製本　協栄製本株式会社

ISBN4-639-01736-7　C1039